実践を創造する

幼児教育の方法

みらい

執筆者一覧 （五十音順）

○＝編者

岡林　恭子（おかばやし きょうこ）	（元名古屋短期大学）	第4章
影浦　紀子（かげうら のりこ）	（松山東雲女子大学）	第2章
北川　剛司（きたがわ たけし）	（奈良教育大学）	第8章
北島　信子（きたじま のぶこ）	（同朋大学）	第9章
杉山　直子（すぎやま なおこ）	（広島都市学園大学）	第3章
田口　鉄久（たぐち てつひさ）	（鈴鹿大学）	第1章
○豊田　和子（とよだ かずこ）	（名古屋柳城女子大学）	序章・第7章
西村　美紀（にしむら みき）	（大谷大学）	第6章
渡邉　眞依子（わたなべ まいこ）	（愛知県立大学）	第5章

事例提供・協力（順不同）

橋本真季（幼稚園教諭）

中尾容子（幼稚園教諭）

高原栄美（幼稚園教諭）

松尾みずき（幼稚園教諭）

藤井和子（幼稚園教諭）

梅光学院幼稚園

黒田敏夫（幼稚園園長）

冨永恵美子（幼稚園副園長）

吉原幸子（幼稚園主任教諭）

大和友美（幼稚園教諭）

徳川桃子（幼稚園教諭）

栗栖美代子（保育士）

松本幸恵（保育士）

伊藤多寿子（保育士）

河俣聡（保育士）

越山智子（公立小学校教諭）

三重県鈴鹿市教育委員会

名古屋短期大学付属幼稚園

知立なかよし保育園

瀬戸市立掛川小学校

まえがき

　本書は、「育ち合い」の保育実践を展開するための幼児教育の方法論である。主として、3歳から就学前の年齢クラスを対象に述べている。この時期の幼児は、自我が芽生え、言葉によるイメージが共有できるようになり、他者との人間関係が広がり、外界に対して旺盛な知識欲をもち、運動面においても大きく成長していく。そして、少しずつ大人の庇護下から離れて、自分の意志で選択したり、友だちとの遊びを広げたり深めたりすることによって、生きるための知恵やわざを身につけ、善悪の判断や思いやりをもって自分たちの世界を築き始めるのである。この過程はそれぞれの幼児にとっては、困難やつまずきを伴う紆余曲折の自己形成の道のりでもある。

　教育は、保育者が子どものありのままの姿をしっかりと受けとめながら、一人ひとりが自分らしさを形成していくことに喜びと希望を育むという責任ある営みである。そして何よりも、幼児期の数年間を保育者や仲間と過ごす幼稚園・保育所という集団保育の場は、「保育者と子ども」「子ども同士」「子どもと他の大人」「保育者・子どもと園外の人たち」とがかかわり、交じわり合って、子どもも保育者も保護者もお互いが「育ち合う」場でもある。

　3歳から就学前までの幼児の教育方法の独自性はどこにあるのだろうか。保育者の指導や援助はどのような諸活動を通して展開されていくべきであろうか。その際の保育者の指導・援助のポイントは、どこにおかれるべきであろうか。

　本書は次の3点に特色をおき、これらの課題を考えてみようと試みた。

　1つ目は、園での教育活動を「遊び」「生活」「行事」「課題」「プロジェクト」といった主活動から構成されるものとしてとらえて、その活動の特徴を踏まえた指導・援助のあり方を、実践事例をあげながら述べていること。

　2つ目は、「開かれた園づくり」という展望から、地域・家庭との連携、異文化理解・多文化共生、小学校の生活科をテーマとして取り上げたこと。

　3つ目は、「交わり」や「かかわり」づくりを基盤とした諸活動の展開やその指導・援助のあり方をとらえていること。

　すべてを十分に著すことは容易ではないが、これから保育者になる人に、責任ある教育者としての教育方法の基礎をしっかり学んでほしいと願っている。

　幼児がこの時期を存分に生き個性豊かに育っていくためには、保育者自身も、多様な活動を広げたり深めたり、異年齢・多世代・異文化など多様な人たちや世界とつながったり、持続可能な社会の主体になるような環境づくりの視野をもった教育活動を展開することが求められるだろう。それを、本書では「開かれた園づくり」ととらえている。

　これから保育者をめざす人たちの養成校での学習と、保育・幼児教育の現場で実践されている方々の学び直しに、本書が活用されることを願っている。

　2010年の『実践を創造する　演習・保育内容総論』に引き続いて、本書の出版に快く応じて下さった出版社のみらいと、企画担当の米山拓矢氏には大変丁寧な仕事をして頂いた。まさに、1つの本を創る仕事は教育の営みにも通じるものがあると実感した。記して感謝を申し上げたい。

2013年2月

編者　豊田和子

もくじ

まえがき

序章　これからの時代の幼児教育の方法 ……………………… 9

1 幼児期の集団生活とは何だろう …………………………………………………… 10
1. 幼稚園や保育所という集団生活の意義　10
2. 幼児理解から始まる教育　11

2 教育方法とは何だろう ……………………………………………………………… 14
1. 実践を創造するためのあらゆる方法・技術　14
2. 教育方法は、内容と密接に結びついている　16

3 園生活を構成するさまざまな活動と指導・援助 ………………………………… 17
1. 乳幼児期の諸活動が分化し増幅していく発達プロセス　17
2. 保育活動のしくみの理解 －幼児教育のカリキュラム－　18
3. 幼児教育を構成する諸活動　20

4 教育方法の対象の広がり －「開かれた園づくり」への展望－ ……………… 21
1. 地域にあるさまざまな機関や分野と連携すること －つながる力－　21
2. 幼児が成長していく世界を広げる －教育資源の拡大と活用－　21

第1章　遊び活動の指導方法・援助 ……………………………… 25

1 園での遊び活動とは ………………………………………………………………… 26
1. 園で行われるさまざまな活動のなかにおける「遊び活動」の位置づけ　26
2. 自由遊びとはどのようなものか　26
3. 自由遊びはどのようにして生まれるか　27
4. 自由遊びはいつ行われるのか　28

2 遊び活動の意義について …………………………………………………………… 29
1. 遊びが子どもを育ててきた　29
2. 遊びは幼児の育ちを促す　30
3. 遊びは幼児に"心の安定"と"自信"を与える　34

3 さまざまな遊び活動の指導・援助の視点とポイント …………………………… 35
1. 遊び活動の指導・援助の基本　35
2. 指導・援助の実際　36
3. 自由な遊びの指導・援助の留意点　38

4 実践事例から学ぶ …………………………………………………………………… 39
1. 遊びのなかで幼児がつながり、気づきが促される　39
2. 楽しい遊びへの工夫　41
3. 遊びを通した幼児同士の伝え合い　43

第2章　生活活動の指導方法・援助 …… 47

1 園での生活活動とは …… 48
1．倉橋惣三の「生活を、生活で、生活へ」 48
2．生活活動とは　48
3．仲間とのかかわりのなかで生活の主人公になっていく　49

2 当番活動や係活動の意義 …… 49
1．お手伝いではない　49
2．当番と係の違い　50
3．マンネリ化にならないために　51

3 生活活動の指導・援助の視点とポイント …… 52
1．話し合い　52
2．グループ活動　53
3．気になる子ども　54

4 実践事例から学ぶ …… 55
1．自立と依存　56
2．幼児理解の場としてのグループ　56
3．安心の基地としてのグループ　57
4．リーダー　58
5．グループ替え　59
6．深い関係の仲間づくり　60

第3章　課題活動の指導方法・援助 …… 63

1 園での課題活動とは …… 64
1．幼稚園・保育所と課題活動　64
2．課題活動の実際　66

2 課題活動の意義について …… 67
1．広義の課題活動と狭義の課題活動　67
2．狭義の課題活動の意義　69
3．クラスで取り組む課題活動の内容　70

3 さまざまな課題活動の指導・援助の視点とポイント …… 72
1．課題活動における指導のポイント　72
2．課題活動の展開　74

4 実践事例から学ぶ …… 76
1．課題活動の設定　76
2．一人ひとりの発達過程に寄り添う課題活動　78
3．共同的課題活動から協同的課題活動へ　83

第4章　行事活動の指導方法・援助 ……………87

1 園で行われるさまざまな行事 …………………………88
1．行事の種類　88
2．園における主な行事　89

2 行事の教育的意義について …………………………90
1．子どもの育ちを促す行事の意味　90
2．行事の取り組みに当たって大事にしたいこと　92

3 行事の指導・援助の視点とポイント ……………92

4 実践事例から学ぶ ……………………………………96
1．誕生会の取り組みのなかから　96
2．運動会の取り組みのなかから　98
3．作品展の取り組みのなかから　99
4．生活発表会への取り組みのなかから　100
5．人形劇の取り組みのなかから　102
6．保護者とのかかわりのなかから　103
7．地域とのかかわりから　103

第5章　プロジェクト活動の指導方法・援助 ……………105

1 就学の接続のために育むべき力とは …………106
1．学校教育への円滑な移行　106
2．幼児期と児童期をつなぐ「協同的な学び」　107

2 「協同的な学び」としてのプロジェクト活動 ……108
1．世界の幼児教育の動向と「協同的な学び」　108
2．プロジェクト活動の特徴　109
3．幼児教育におけるプロジェクト活動の意義　110

3 協同的な学びの指導・援助の視点とポイント ……112
1．プロジェクト活動における保育者の役割　112
2．プロジェクトの展開と方法　113

4 実践事例から学ぶ ……………………………………116
1．生活体験から生まれたプロジェクト活動　116
2．物語を出発点とした一年間のプロジェクト　118

第6章　異文化理解教育の方法・技術 …… 123

1 幼児の育ちと文化 …… 124
1．環境としての文化　124
2．人間形成と異文化　126

2 異文化理解教育の指導・援助のポイント …… 127
1．幼児へのかかわり　127
2．保護者への支援と連携　128
3．保育者自身の文化的気づき　129

3 実践事例から学ぶ …… 129
1．アコモデーションをベースとした保育へ向けて　129
2．アンチ・バイアスカリキュラムを取り入れた保育の工夫　130

第7章　保護者支援・地域連携の方法 …… 133

1 保護者支援や地域連携の今日的課題 …… 134
1．国の方針　134
2．家庭教育の充実や地域連携が、いまなぜ求められているのか　135
3．「連携」という言葉に込められた意味　135

2 家庭との連携・保護者支援の方法 …… 136
1．家庭と園とのつながり　136
2．親しみと温かみのある園づくり　137
3．子育てについて考え合う場づくり　137
4．保護者の「よさ」を発見するという視点から　139

3 地域の教育力を活かした連携 …… 142
1．ねらい　142
2．取り組みの内容　142

第8章　評価の方法
　　　　―振り返りのできる保育者をめざして― …… 149

1 保育計画と評価 …… 150
1．保育における計画の特徴　150
2．評価とは何か　150
3．保育計画と実践と評価の連動　151

2 評価の主体・対象 …… 152
1．評価の主体　152
2．評価の対象　153

3 評価の方法 ……………………………………………………………………… 154
   1．評価における2つの意味　154
   2．実態把握の方法　154
   3．価値判断の方法　158

4 実践事例から学ぶ ………………………………………………………………… 159
   1．保育者自身による保育日誌の記録から　159
   2．職場仲間とのカンファレンスの様子から　162

第9章　小学校低学年の「生活科」の指導方法 ………… 165

1 小学校低学年の「生活科」とは ………………………………………………… 166
   1．「生活科」とは　166
   2．「生活科」の創設まで　170

2 「生活科」の特徴と意義について　―学習指導要領新旧比較を中心に― … 170
   1．1998年版学習指導要領について　170
   2．現行（2008年版）学習指導要領について　171

3 実践事例から学ぶ ………………………………………………………………… 178
   1．「生活科」授業の実践に学ぶ　179
   2．考察　179
   3．まとめ　182

序　章　これからの時代の幼児教育の方法

「行きたい園、帰りたいおうち！」という気持ちで幼児が園での生活を過ごすことが、保育者の願いであり保護者の願いです。これらの期待に応えるために、保育者は、もっとよい方法はないだろうかと努力します。しかし、教育・保育の実践は、1回限りの出会いの積み重ねであり、昨日の幼児は今日の子どもではありません。幼児は明日に向かって生きようとしている存在です。昨日うまくいったからといって、その方法が今日も通用するとは限らないのです。教育の方法には正解が1つでない、といわれる理由です。

つねに幼児の傍らにあり、幼児とともに生活する保育者は、かれらとともに教育・保育を創造していくという姿勢をもって幼児教育の方法を考え続けてほしいと願い、この章では、教育方法の基礎・基本を理解し、これからのあり方を展望します。

1 幼児期の集団生活とは何だろう

1 幼稚園や保育所という集団生活の意義

（1）現在社会における幼稚園や保育所の教育的役割

　いま、社会環境の変化によって幼児がのびのびと安心して過ごせる場が少なくなってきている。そのため、幼児期に自然体験や仲間と心の底からおもしろいと感じるような遊び体験を十分にできない子どもも増えている。また、家庭や近所で気楽に子ども同士が遊ぶ機会や場所も少なくなった。学校教育の先取りをした点数や順列に重きをおくような早期教育や英才教育を受けている幼児も少なくない。最も大きな問題は、人とのかかわりや交わりの力が育っていないことだ。

　このような時代にあって、幼児が数年間を過ごす保育所や幼稚園は、健全で豊かな人間性の基礎を培う上で、大きな教育的役割を担っている。保育者の教育愛のもとで、心・体・知のバランスのとれた発達とお互いの育ち合いが希求される。

　幼稚園教育要領・保育所保育指針や小学校の学習指導要領（低学年）でも、「生きる力の基礎」「規範意識」「自己信頼感」「学び力」等の形成が、幼児期教育の重要な課題として強調されているところである。

（2）仲間と生活することの教育的意義 －育ち合いの場－

　言うまでもなく、保育者は一人ひとりの幼児の成長をしっかりと受けとめ、個性を伸長させていく責任がある。園での幼児は「保育者－子ども」の関係だけでなく、多くの時間を仲間とともに過ごしながら、他の職員や園外の大人からも保護され見守られ、安定した情緒のもとで教育を受けて、人間らしい力や行動の仕方や感じ方を一つひとつの経験を積んで、自分のものにしていくのである。

　保育所や幼稚園には、仲間と力を合わせて未来の社会を築き、切り拓いていく力、お互いに尊重しあえる思いやりのあるかかわり、自分の頭で考える確かな知恵や自分で工夫して使える技能、豊かな感性や表現力などを育んでいく上で、家庭とは異なる教育的な刺激や環境がふんだんにある。

　園には、さまざまな遊びや、生活上のきまりや役割、文化や芸術・スポーツに触れるための環境が用意されている。仲間との生活のなかで、自分を表現しつつ、同時に相手を知り親密になり、自立と共存のあり方を自ら学んでいく諸活動が展開される場である。まさしく、幼児が「自分らしさ」を身につけ、「共存」していくことを学んでいく世界である。このことを「育ち合いの場」という言葉でとらえたい。

（3）保育者という存在 －温かい"まなざし"をもつ－

　園での集団生活は、幼児のペースを大事にした無理のない生活であることが第一条件である。何よりも、幼児にとってうれしい楽しい場であってほしい。その際、保育者が「子どもという存在」をどう見るか（子ども観）という"まなざし"のありようが、幼児を上から管理するような教育になるのか、それぞれの意欲を引き出しつつ主体性を大切にする教育になるかの、大きな要因となる。

　保育者は、当然、何らかの意図をもって教育するし、そうでなければならない。それは、硬い言葉でいえば「保育・教育目標」とか、「活動のねらい」と呼ばれるものである。やさしい言葉では「保育者の願い」と表現されるものである。「〜〜な子どもになってほしい」「〜〜を楽しんでほしい」「〜〜を味わってほしい」などの形で表現される。多かれ少なかれ、保育者はそういう願いをもって、日々幼児と接している。保育者の願いに沿わない幼児の行為を「否定的」とみなすのは、冷たい"まなざし"の表れである。逆に、幼児からのメッセージや隠された要求を発見したいと願ってその行為を見るのは、温かい"まなざし"の表れである[*1]。

　小学校以上の教育では「〜〜ができるようになる」「〜〜を理解する」というように達成目標であるが、幼児期の教育では、達成目標ではなく方向目標であり、あくまでも、幼児自身がそのような方向に向かって歩むプロセスを大事にする。このプロセスに表れる姿を受けとめながら、次にどのような関心や意欲が芽生え始めているのかを見定める保育者の判断や見通しの力が要求される。

　保育者には、①自分の意図をもちつつ、②それが子どもの側にはどう受けとめられ、どのように反応していくのかをよく見る、③さらには保育者が予想もしなかった子どもの反応や要求に耳を傾ける、という3つの姿勢が求められる。

　「教えること」は同時に「子どもから学ぶ」ことでもある。保育者は常に子どもに寄り添いながら、子どもとともに生活をより豊かにしていく存在である。そのためには、常に自らの保育を振り返り成長しようとする大人であることが、幼児によい教育的影響をもたらす。

*1　教育方法学者の吉本均は「教師のまなざしには、温かいまなざしと冷たいまなざしの2つしかない」と説き、子どもが安心し信頼を寄せるまなざしは、居場所空間として、どのような子どもに対しても温かいまなざしをもつことを強調している[1]。

|2| 幼児理解から始まる教育

（1）幼児の願いに耳を傾ける

　「六つになった」（A.A.ミルン）[2]の詩を紹介しよう。

　　　一つのときぼくは　まだはじまったばかりだった
　　　二つのときぼくは　まだうまれたてのままだった
　　　三つのときぼくは　まだまだぼくじゃなかった
　　　四つのときぼくは　そうたいしてかわっていなかった

五つのときぼくは　ただげんきいっぱいだった
　　いまぼくは六つで　だれにもまけないおりこうさん
　　だからぼくはこのままいつまでも六つでいたい

　これは、みなさんご存知の『クマのプーさん』のお話で有名なイギリスの児童文学者A.A.ミルン（Alan Alexander Milne, 1882-1956）の詩である。どこかで聞いたことがある人も多いかと思う。乳幼児期の子どもが「大きくなりたい」「かしこくなりたい」「おもしろいことを体験したい」「人間として善くありたい」という人間成長への希求がみごとに表現されている幼児期の「自分づくり」のポエムである。

　この詩には深い意味が込められているので単純な解釈はできないが、あえて本書の意図に限定するならば、保育や育児に携わる人に、子どもの内なる声としての「成長の喜び＝生きることの希望」の願いに耳を傾け、その重みをしっかりと受けとめることを要求している。誕生から就学前までの6年間は、身体的にも精神的にも驚くべき速さで発達する時期である。人間の一生で、この時期ほど、量的な面でも質的な面でも成長・発達の激しい時はない。教育方法を考える際に、その後の人生に向けて一人ひとりに確かな土台を培うために、この時期に、どのような教育の内容や方法で豊かに支えていくことができるのだろうか、と謙虚に問い続けることが保育者の課題なのである。

（2）子どもは「いまを生きる」－没頭・集中・繰り返し－

　幼児は、将来の準備や安定のために、"いま"を生きているのではない。どこの園でもよく見られる幼児の姿を2つの例から考えてみよう。

> **事例1　ダンゴ虫に夢中**
> 　園庭に1匹のダンゴ虫がいる。手で触ってみると体を丸める、しばらくするとまた伸ばす、そして再び触れると丸くなる。この不思議な対象に無我夢中で向き合っている。子どもは何かに感心し、何かを探ろうとしている、しかし、言葉で表現できるような内実ではない。だからこそ、「もっと、もっと」と触れてみる。次の日も、その場所に行って、ダンゴ虫と付き合っている。虫と付き合うのである。

序章　これからの時代の幼児教育の方法

> **事例２　「ああ、おもろ」**
>
> 　保育者が、いつものようにみんなが揃った時間に、絵本を読み聞かせる。『じごくのそうべえ』*² を読み聞かせた年長クラスでは、出てくる言葉がおもしろいので、幼児たちの合言葉になった。遊びのなかでも「ああ、おもろ。こりゃ　おもしろいわ」などの言葉を使ってお互いにニンマリしたり、家庭で親に叱られた時に「おにが　はらいたおこしよる」「ちゃんりん　ちゃんりん」などと言い返して、楽しみ（おかしさ）を広げていった。そして、最後には、生活発表会でどうしてもこの劇をしたいと言い出し、何度も「読んで、読んで！」とせがみ、保育者の予想の域を超えて、自分たちでおもしろい世界をつくっていったそうである。
>
> 　後で、この保育者に聞くと、ほかの絵本も楽しんでほしかったのに、幼児たちは『じごくのそうべえ』にはまって、それをゆるしてくれなかったそうだ。

*２　田島征彦（作・絵）『じごくのそうべえ』（童心社 1978年）。落語の名作を子どもたちにわかりやすくした絵本。綱渡りに失敗した軽業師のそうべえは地獄に落ちてしまう。だが、仲間たちと地獄で繰り広げる愉快な騒動はやがて…。

　上記は、ほんの一例であるが、このように幼児は興味をもったものに対して、大人の感覚や尺度では近寄れないような没頭や集中でかかわり、「もっと、もっと！」と要求を膨らませて、幾度も繰り返して何かを探ろうとする。

　「いまを生きる」とは、このように"没頭""集中""繰り返し"によって、自分（たち）で何かを発見し、さらにおもしろい世界へ挑戦する姿である。

（３）「未来に向かって学ぶ」喜び －学びへのチャレンジ心－

　３歳になって初めて集団生活を経験する子どもにとっては、親と離れ、見知らぬ仲間や知らない先生や職員との集団生活は不安である。『３年間の保育記録①～④』*³ というビデオ（ＤＶＤ）がある。リョウガ君という男の子が幼稚園で３年間を過ごす集団生活のさまざまな姿が映されている。保育者から母親のように愛情をかけてもらったり、遊び仲間に入ろうとしてうまくできない悔しい自分の気持ちを涙を拭きながら立て直したり、何かとうまくできる身近な友だちに憧れの気持ちを抱き、そばにくっつき後追いしながら自ら挑戦するいじらしい努力の姿が展開されている。そして保育者に温かく見守られ、仲間に励まされ、いっぱしの年長さんとなり仲間とともに大きく育っていく成長の過程が子どもの目線でとらえられている。ぜひ補助教材として観てほしい。

*３　小田豊・神長美津子監修『３年間の保育記録』岩波映像株式会社　2004年（下記は表紙）

　このなかで、リョウガ君が「いまを生きている」のだけれども、同時に、いまの自分より「できる自分」へ、「知りたい自分」という「明日の自分像」をもって、幼稚園へ通うように変化する姿に注目したい。広告紙で剣をつくって遊びに参加するため、手で広告紙を丸めるのだが自分のイメージ通りにいかない。何回やっても不器用な手では自分が描く形にならなくて、かんしゃくを起こす場面がある。その時、保育者がそっと手を添えて、リョウガ君を支える。リョウガ君は

再び気持ちを立て直し時間をかけて紙を丸め、ようやく剣ができる。その時の満足した表情は、何を物語っているのだろう。先生にやってもらうのではなく、自己の課題に何度も挑戦し習得した新しい力、これは大きな自信をともなう学びである。「いまの自分」から「明日の自分へ」実現していくことを自ら課し、自分の力で達成していくという、本来の学びの姿といえるのではないだろうか。

　こうした姿は、どこの園でも保育者が子どもの心に寄り添いながら、丁寧にかかわっていると、必ず見えてくるものである。逆に、急げば見えない姿である。

2 教育方法とは何だろう

|1| 実践を創造するためのあらゆる方法・技術

　ところで、「教育方法」とは何か。「教育目的のために利用されるあらゆる教育の方法・技術」³⁾のことであると、教育学では説明されている。したがって、どういう教育目的があるのか、そのためにどのような教育の方法や技術があるのかを考えることが、教育方法を学ぶ際の基礎的な課題である。

　ここでは、その基礎としての枠組みについて述べる。

（1）教育目的（めざす子ども像）との関連

　幼児期の教育目的に関して、国は基本的な考え方を次のように示している。

> ・幼稚園は、義務教育及びその後の教育の基礎を培う（学校教育法　第22条）
> ・保育所の保育は、子どもが現在を最も良く生き、望ましい未来をつくり出す力の基礎を培う（保育所保育指針　第1章）

　これらの共通目的に基づいて、各園では「教育方針」とか「めざす子ども像」として目標を掲げている（表1）。用語の違いはあっても、意味することは同じである。そして、「環境を通しての教育」が基本とされている。

（2）さまざまなレベルでの教育方法の課題

　では、幼児教育では、具体的には、どのような方法・技術に関することが話題として取り上げられるのだろうか。いくつかわかりやすい例をあげてみよう。

　「子どもの自主性を育てる上で大事なことは何ですか」「意欲的な子どもに育っていくために大事なことは何ですか」というような教育方針や理念のレベルに関する話題から、「4歳児クラスのごっこ遊び指導のポイントは何ですか」「1年の後半ではどのような点に留意してクラス運営をしたらよいですか」というような

表1 「園の教育方針」や「めざす子ども像」の例

【A園の場合】公立
・自分のことは自分でできる子ども
・健康で明るい子ども
・みんなと仲良くできる子ども
・やさしく思いやりのある子ども

【B園の場合】私立
・意欲のある子ども
・自分から進んでからだを動かして遊ぶ子ども
・自分の気持ちを伝えることができる子ども
・相手の気持ちがわかる子ども

【C園の場合】仏教系
・感謝の気持ちをもつ子ども
・友だちと仲良く遊べる子ども
・ものの命を大切にする子ども
・自分のことは自分でできる子ども

【D園の場合】キリスト教系
・自分で考え、自分で行動する子ども
・自分の思いを伝え、相手の思いを受けとめることができる子ども
・粘り強く取り組むことができる子ども

　実践の計画にかかわる話題もある。さらには「生活のしつけや約束事をどのようにして身につけさせるのがいいですか」「けんかの場面ではどのような声掛けをしたらよいですか」というような具体的な保育の場面での一つひとつの指導や援助の方法にかかわる話題もある。また、「保護者の方に保育を理解してもらうには、どのような方法がありますか」というような範囲のものも含まれる。
　「あらゆる方法・技術」とは、このように園の教育・保育の全範囲にわたって実践を展開していくために求められるプロとしての保育者の"わざ"の総体である。さらに、実践を展開した後に、振り返り、改善を行う。そこまでが、教育の方法の範囲となる。それらのことを、簡単に図式化してみた（図１）。

教育目的（めざす子ども像）
↓　↑

教　育　方　法
・教育理念や方針に迫るための教育のあり方にかかわること [目標]
・見通しをもって実践を展開するための内容・方法のあり方 [課程]
・具体的な保育場面での指導・援助のあり方 [過程]
・実践を展開した後の振り返りと改善のあり方 [PDCA]　など

図１　教育目的とさまざまなレベルの教育方法

|2| 教育方法は、内容と密接に結びついている

(1) 5つの領域

　教育には、目標を達成するための「内容」がある。保育者の教育方法や指導技術が独り歩きするのではなく、目標を具体化した教育内容があり、それを意図しながら、幼児の活動が展開される。保育者と子どもとの関係が情緒的で直接的な結びつきを主とする1歳くらいまでの乳児期を過ぎれば、当然、どのような教育内容がその年齢にふさわしいのかが吟味される。そして3～6歳という幼児期には、教育内容として、どのような体験や経験がふさわしいのかが考えられ、実践場面では、幼児の興味や関心を大切にしながら、幼児の自主的・主体的な活動として展開される。

　平成20年版の『幼稚園教育要領』や『保育所保育指針』には、乳幼児期にふさわしい経験を積み上げていくための教育内容としてのねらいと内容が、「健康・人間関係・環境・言葉・表現」の5領域で示されている（表2）。

表2　教育内容としての5領域（幼稚園教育要領より）

健　康	健康な心と体を育て、自ら健康で安全な生活をつくりだす力を養う。
人間関係	他の人々と親しみ、支え合って生活するために、自立心を育て、人とかかわる力を養う。
環　境	周囲を様々な環境に好奇心や探究心をもってかかわり、それらを生活に取り入れていこうとする力を養う。
言　葉	経験したことや考えたことなどを自分なりの言葉で表現し、相手の話す言葉を聞こうとする意欲や態度を育て、言葉に対する感覚や言葉で表現する力を養う。
表　現	感じたことや考えたことを自分なりに表現することを通して、豊かな感性や表現する力を養い、創造性を豊かにする。

(2) 指導方法・援助のポイント

　上記の5領域の教育内容をどのような観点から指導・援助を展開していくのか。この点に関して、原則論として、次のように述べられている。
◎幼児が様々な体験を積み重ねる中で相互に関連をもちながら次第に達成にむかうものであること。
◎幼児が環境にかかわって展開する具体的な活動を通して総合的に指導されるものである。
◎幼児の生活や遊びを通して相互に関連を持ちながら、総合的に展開されていくものである。
◎養護と教育が一体となって展開される。

序章　これからの時代の幼児教育の方法

つまり、「環境を通しての教育」の指導・援助のポイントは、①遊びや生活などのさまざまな体験を通じて行う、②相互に関連をもちながら行う、③総合的に指導すること、さらに、④一人ひとりの状態に配慮する、ことである。

このことから、幼児期の教育内容の方法は、小学校以上の教科の取り扱いとは異質のものであることが理解できよう。あくまでも、生活や遊びなどの体験に基づく学びであること、領域ごとに個別に目的を掲げて指導するのではなく、環境を通して総合的に行うことが、幼児期の教育方法の基本である。

そして、家庭や社会の教育力が低下した今日では、幼稚園も保育所もともに、「養護」の面と「教育」の面が一体的に展開されていくべきものであることは言うまでもない。生活上の不安やいらだちを抱えながら園生活を送っている幼児も増えている。本心は、やりたい気持ちがあるのにその要求が素直に出せなかったり、ちょっとしたことで気分が揺らいだり、落ち着きをなくすこともしばしばある。保育者には、このような"気になる姿"の裏に隠されている本当の気持ちを温かく受けとめ、真の要求を引き出していくような受容的な援助が求められる。一人ひとりの幼児が安定した情緒を保持し、気持ちよく過ごせる生活づくり、居場所づくりには、養護面と密着した教育的な指導・援助が必要である。

3 園生活を構成するさまざまな活動と指導・援助

1 乳幼児期の諸活動が分化し増幅していく発達プロセス

人が人間として成長していく過程は生涯続くものであり、成長とともに活動は分化し複層化していく。旧ソビエトの人格発達心理学では、その時期の発達を促し、発達の質的変化をもたらす重要な意義をもつ活動を「主導的活動」[*4]と名づけて、幼児期の主導的活動は「遊び活動」であると説明している[4]。乳児期には長時間遊ぶから遊びが大事なのではなく、就学前の遊びには学習が生じるし、幼児は能動的な想像や思考もするという意味で特別な意義をもつのである。

幼児期の活動の最も大切なものは遊びであり、遊びこそが幼児期の生活であることは、誰しも異論はないだろう。遊びは、大人から強制されて行うのではなく、自発性と自由感という点に特色をもつ活動であり、幼児が人格発達を遂げるうえで特別な意義をもつ。

同時に、わが国の保育・幼児教育の実践の蓄積からは、乳幼児期には、遊び活動だけでなく、多様な活動が発達のプロセスにおいて分化し、それぞれが発達にとって重要な意義をもつことが明らかにされている。

年齢を追うごとに、諸活動はどのように分化し増幅していくのであろうか。

*4 ア・エヌ・レオンチェフは、「主導的活動」の目じるしに次の3点をあげている。①他の新しい活動が内部に分化する、②部分的な心理過程が形成される、③人格の基本的な変化が直接的に左右される（ア・エヌ・レオンチェフ著、松野豊・西牟田久雄訳『子どもの精神発達』明治図書出版　1967年　p.44）

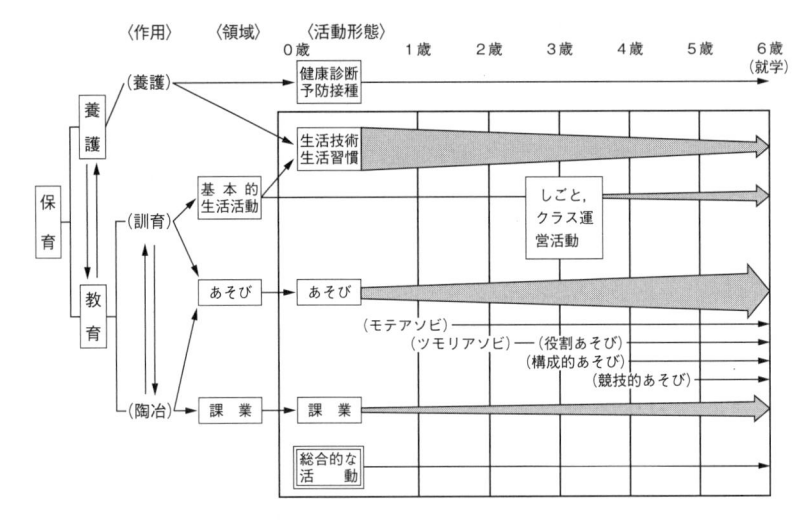

図2 勅使千鶴氏の保育内容構造（試案）

出典：宍戸健夫・木下龍太郎・勅使千鶴編著『幼児保育学の初歩』青木書店　1992年　p.38

　幼稚園や保育所での活動の指導・援助を考えていく上で参考になると考えられる勅使千鶴氏の試案を参考にあげる（図2）。
　この図には、次のような説明がなされている。
①乳児期から就学までの時期を視野に入れていること
②保育を養護と教育との結合でとらえる
③教育には、主として人間の生き方や世界観、人と人との結びつきのあり方を追求する作用である「訓育」の側面と、科学や文化・芸術・スポーツなどの文化遺産を継承し発展させる作用である「陶冶」の側面の2つがあること[*5]
④訓育と陶冶の両面を兼ね備えているのが遊びである
⑤総合的活動とは、行事や園外活動などをさす
⑥線が太くなるほど、この活動が発達から見て重視される活動である
　このように、乳幼児期を通して成長していく過程で、いくつかの活動が分化・増幅していく。遊びや生活を基盤にそれらを統合的・総合的に体験しながら、幼児は人間の基礎的な能力や感じ方を身につけていくのである。教育方法における指導・援助のあり方を学ぶ際に、このプロセスを理解しておくとよい。

*5　学校教育では、「陶冶」は主に教科指導、「訓育」は主に教科外指導で行われる。だが、生活や遊びを中心とする幼児期の教育ではこのように明確に区別することはできない。常に総合的に指導されるものである。

2 保育活動のしくみの理解 －幼児教育のカリキュラム－

　先の勅使氏の構造図からわかるように、3歳から就学前の時期になると、遊び活動を中心に、そのほか、生活にかかる仕事としての当番活動や係活動、文化や芸術・スポーツ等に結びついた課業的活動などの有意義な指導・援助によって、子どもの学びの過程は、多面的に展開される。

また今日では、幼児期から児童期への発達の連続性という面から「小学校教育への接続・連携」が課題とされ、特に入学前の年長児には「幼児どうしが、教師の援助の下で、共通の目的・挑戦的な課題など、1つの目標をつくり出し、協力して解決していく活動」[5]として「協同的な学び」が新たに注目されている。

　もちろん幼児期の教育において最も大事なことは、一人ひとりの育ちを大切にするということである。だが同時に、一人ひとりは、保育者とともにある仲間との関係性において、初めて自分という存在に気づき、時間をかけながら自我を形成していくことができるのである。そうであれば、一人ひとりの確かな育ちという課題は、幼児期の集団生活の質的な高まりという課題と切り離すことはできない。仲間とのかかわりがより豊かになることと、かけがえのない一人ひとりの個性が形成されること、という2つの課題を、保育者は見通しをもって両眼で見ながら、その時その時の指導・援助を展開していくのである。

　この見通しをもつために、宍戸健夫氏が、これからのカリキュラム構造の試案として、図3のように、わかりやすく示されているので参考にあげておきたい。

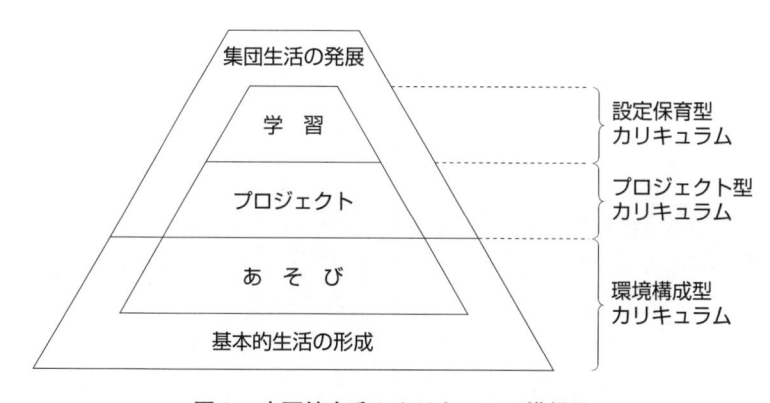

図3　宍戸健夫氏のカリキュラム構想図

出典：宍戸健夫著『実践の目で読み解く　新保育所保育指針　保育の計画・カリキュラムと評価を中心に』かもがわ出版　2009年　p.59

　この構想の特徴は、2つの活動が立体的に二重構造として描かれている点である。
　①基本的生活習慣の形成と集団生活の発展の面
　②遊び、プロジェクト、学習といった活動の面
　このことを宍戸氏は、「家屋にたとえれば、①が土台や骨組みであり、②が壁や内装」であると説明している。自由活動か一斉保育かの二者択一的な発想ではなく、それぞれの活動の特性をおさえながら、それらを流動的、柔軟に相互に結びつけながら、園生活を意義あるものにしていくことが主張されている。特に、「プロジェクト」活動を入れている点が注目される。

3 幼児教育を構成する諸活動

　以上のように、幼児教育では、幼児にとっては「遊びが中心である」ことを原則としながら、「ふさわしい生活」をより楽しく、より豊かにしていく上で必要なさまざまな活動が教育的な観点から、意図的に構成されている。本書ではそれぞれの活動の特性をふまえた指導・援助のあり方を述べていくが、その際、大きく5つの活動に区分している（図4）。

①遊び活動……幼児の興味や自発的な関心から生まれる楽しい活動
②生活活動……個人の生活面での自立と、集団生活を自律的につくる活動
③課題活動……クラスのみんながテーマをもって取り組むもので、文化、科学、スポーツ、芸術などの体験が意図的に行われる活動
④行事活動……幼児の成長を祝う、季節を味わう、日本や地域の伝統文化に触れるなどの計画的な活動
⑤プロジェクト活動……とくに年長クラスで、遊びや課業から総合的・長期的に発展していく協同的な活動

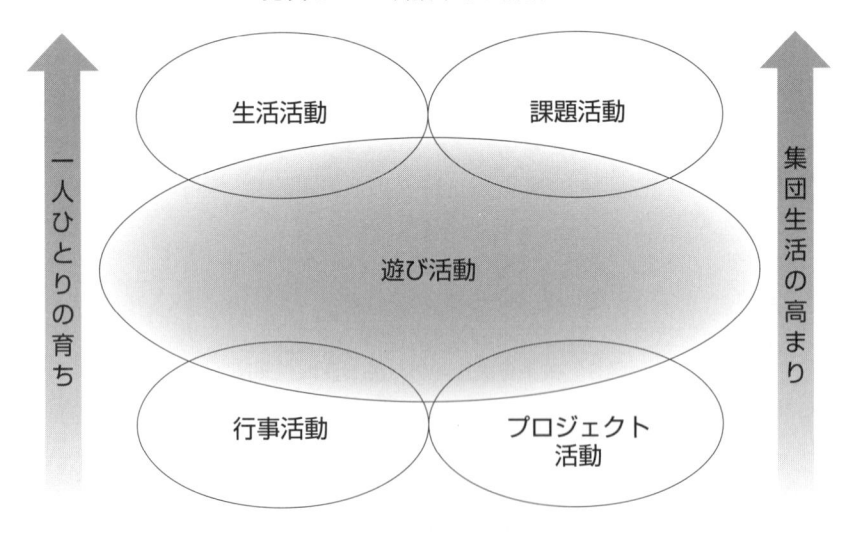

図4　5つの活動の関連と発展の方向

　これら5つの活動は、生活を連続して経験している幼児にとっては、つながりのある活動である。そのため、保育者は常に幼児の生活体験の流れを大事にし、気持ちがつながっていくことを配慮しながら、諸活動を指導・援助していく。
　そして、これらの5つの活動を発展性のあるものにしていく観点として、本書では、集団生活を「一人ひとりの育ち」と「集団生活の高まり」の両軸でとらえ、第1章から第5章でそれぞれの活動の指導・援助の方法を取り上げた。

4 教育方法の対象の広がり
－「開かれた園づくり」への展望－

|1| 地域にあるさまざまな機関や分野と連携すること
－つながる力－

　幼児期の子どもが園の集団生活でよりよく成長していくためには、それぞれの家庭や地域社会との親密なつながりも欠かせない。また、卒園後にすべての子どもが通う小学校も身近な教育の場としてみなされる。さらには、国際化・グローバル化が進行する現在では、異文化に触れる機会やさまざまな国籍をもつ友だちとの多文化共生の経験も、大切なことである。

　子どもの成長を取り囲むさまざまな場や機関にある人たちが、「子どもにとっての最大の利益」を実現していくために、お互いが理解し合い、力を合わせて、幼児期の子どもに豊かな経験を保障していく教育環境を再構築していくことが、いま強く求められている。昔に戻ることが、課題ではない。幼児の成長に携わるすべての人々、幼児を見守る身近な人たちが、昔の子育てのよさに学びつつ、これからの教育・保育環境を、新しい枠組みでつくり変えていくのである。

　「連携」はつながりであり、異なる機関や異なる分野の人たちが、幼児の成長を支えより豊かな発達を促すという1つの目標に向かって、知恵を出し合うことである。家庭に代わって大きな教育的役割を担う幼稚園や保育所から主体的に、そういった課題や願望を発信して、つなげていくことが、いま、教育方法の分野でも求められる課題である。

　このような意味から、本書では、幼児教育の課題として、家庭・地域社会との連携、小学校への移行、異文化理解・多文化共生、小学校低学年の生活科などを取りあげ、6章から9章で教育方法の観点から述べている。

|2| 幼児が成長していく世界を広げる －教育資源の拡大と活用－

　先ほど、「連携」という言葉で、家庭や地域や小学校や異文化世界等のことを述べた。これは、今日的課題であるから実践しなければならないということではなく、園という特別な世界（人的・物的空間と時間）のなかだけで完結させようとしてきた従来の教育方法の考えから、一歩脱却して、ダイナミックに新しい教育方法のあり方を模索しようとする挑戦でもある。

　幼児の目線に立って、周囲の世界を眺めてみよう。

　「環境を通しての教育」が幼児期の教育の基本である、と叫ばれている。その環境とは、少なくとも、社会から隔離された園という教育文化の世界だけではな

いだろう。
　その園が存在する地域、その園を支える家庭、その園とつながる小学校など、これらのすべてが、幼児にとっては身近な教育環境である。そこには、幼児たちがかかわりたくなる刺激的な魅力ある自然的事象や社会の出来事や、大人も小中学生も含めて多種多様な世代の人間がたくさん存在する。それらを「教育資源」としてとらえ直した時、どのような教育観や目標をもって、幼児とかかわらせていくのか、幼児にとって意味のある環境にしていくのかという発想が、保育者には求められる。教育資源とは、人的・物的・自然など、幅広いものである。
　このような意味で、「教育資源＝幼児の学び・生きる力を支えるさまざまな資源」ととらえたい。そして、保育者がそこに潜んでいる教育力をいかにして引き出し活用できるかと頭をめぐらし、園の教育に取り込んでいこうかという、わくわくするような構想力こそが、教育方法を発展させていくことにつながるのである。
　幼児は、最も身近にいて信頼を寄せる保育者からの直接的な指導や援助から学ぶことも多いし、そのことは最優先課題である。しかし、同時に、それ以外の多くの人たちに見守られ、支えられ、刺激を受け、学びへの活動の空間やチャンスが広がることは、素晴らしいことであろう。そのためには、保育者自身が園の外に目を向け、その環境や人たちとつながろうとする姿勢やかかわるスキル（コミュニケーション能力）をもたねばならない。
　これからの時代の保育者には、2つの方向で力量形成が求められる。
　①応答的関係において幼児とかかわり、かれらの要求を把握し、幼児の目線で導き、生活を高めたり深めたりするための保育の専門的知識や技能を極める。
　②教育に必要な知識や技術のすべてを自分1人で担うのではなく、自分以外にも、また、園以外にも、幼児にとって有意義な教育資源があることを理解して、どのようにしたらそれらとかかわり、親密な関係においてさまざまな教育力を引き出し、教育的資源として活用できるかの方法を模索していくこと。
　このことは未来社会を生きる子どもたちとともに、保育者自身が成長していくという意味で、教育的貢献を行うことにもなる。
　以上のような視点から、これからの教育の方法について考えていくため、「開かれた園づくり」という言葉で、筆者は次のような図を試みた（図5）。本書もこの意図に沿っている。
　さらに、教育方法は、保育者自身（保育者集団・園集団）が「何のために、何を、どのように」実践し、それが幼児の主体的な生活・学びとして結実されることへのたゆまない挑戦をしていくためのあらゆる手段であり、責任ある教育の創造的な営みの連続であるという原則をふまえて、8章では、評価や振り返りの方法について取り上げた。教育方法の探究は、保育者として成長し続ける自己開発・自己研鑽への姿勢を抜きにしては語れない。保育者はその姿勢を、個人としても、

序章　これからの時代の幼児教育の方法

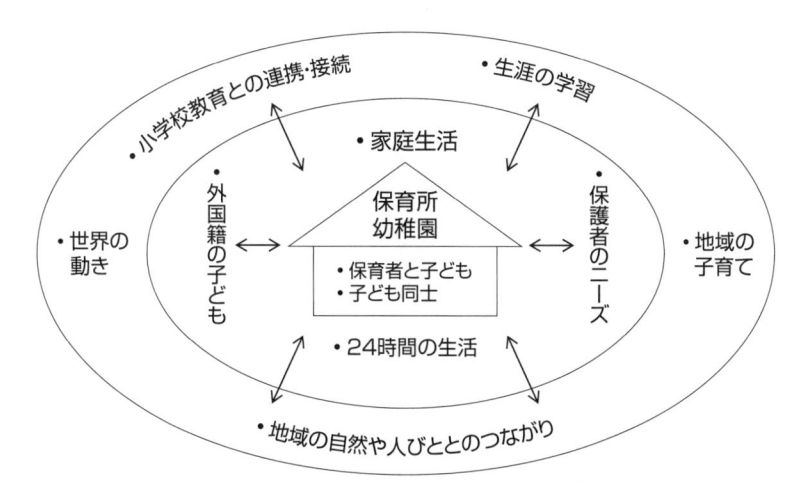

図5　開かれた園づくりの構想
出典：豊田和子編『実践を創造する　演習・保育内容総論』みらい　2010年　p.17

　職場集団としても、さらには、職場をこえた専門家集団としても、もち続けることが必要である。自らが謙虚に人間性を成長させながら、プロとしての力量形成に向かって努力する楽しみと情熱をもつ「人間」である保育者の生き生きとした姿から、幼児たちは、言葉にならない深い学びをするであろう。
　本書の最終章では、幼児期の教育を終えた子どもが小学校へ入学し、そこではどのような学習をしていくのかを、保育者も理解しておく必要があると考えて、低学年の「生活科」の指導方法について紹介した。園で幼児期を過ごした子どもたちが、小学校でどのような学びに出会うのかを知ってほしい。

【引用文献】
1）久田敏彦・深澤広明編・解説『吉本均著作集　学習集団の指導技術』明治図書出版　2006年　pp.150-162
2）A.A.ミルン作・E.H.シェパード絵（石井桃子・小田島雄志・小田島若子訳）『クマのプーさん全集 ―おはなしと詩 ―』岩波書店　1997年　p.432
3）日本教育方法学会編『現代教育方法事典』図書文化社　2004年　p.19
4）ア・エヌ・レオンチェフ著（松野豊・西牟田久雄訳）『子どもの精神発達』明治図書出版　1967年　pp.38-48
5）中央教育審議会答申「子どもを取り巻く県境の変化を踏まえた今後の幼児教育の在り方について－子どもの最善の利益のために幼児教育を考える」2005年

【参考文献】
矢野智司『子どもという思想』玉川大学出版部　1995年

無藤隆著『幼児教育の原則』ミネルヴァ書房　2009年
山下政俊・湯浅恭正編著『新しい時代の教育方法』ミネルヴァ書房　2012年
佐伯胖著『幼児教育へのいざない』東京大学出版　2008年
岡田敬司著『人間形成にとって共同体とは何か　自立を育む他律の条件』ミネルヴァ書房　2009年

第1章　遊び活動の指導方法・援助

幼児期を振り返る時、何度も繰り返して行った楽しい遊びのことが思い出されることでしょう。現在の幼稚園・保育所で行われる遊びにはどのようなものがあるのでしょうか。年齢や季節に応じて多様に行われる遊びについて考えます。

小学校の教育は教科ごとに授業を通して行われますが、幼稚園や保育所の教育は遊びを通して行われます。なぜ幼児期の教育は遊びを通して行うのでしょう。

遊びを指導・援助するということは簡単のようで実は難しいことです。遊びの事例を分析して、一人ひとりの幼児を理解した指導・援助のあり方を検討していきます。

本章では、幼稚園や保育所の教育の方法・内容として「遊び」が重要であることを理解するのがねらいです。その理由を整理し、自分なりの"遊び観"をまとめてほしいと思います。

1 園での遊び活動とは

1 園で行われるさまざまな活動のなかにおける「遊び活動」の位置づけ

　園で行われる幼児教育の主な活動は、序章の20ページの図4のように大きく5つに分けることができる。

　幼児にとっては遊び活動とほかの活動の違いは明確ではなく、連続していたり、つながっているのである。課題活動や行事も幼児にとっては楽しく充実した遊びでもある。生活に関する活動であっても遊びのような気持ちで取り組んでいる場合がある。

　本章で取り上げる「遊び活動」は、園で幼児が自発的に取り組む「自由遊び」を中心とする。幼児が行う「自由遊び」にはどのような種類のものがあるのか、そしてその教育的意義は何か、さらに援助の方法はどうあるべきなどを具体的に述べていく。

2 自由遊びとはどのようなものか

　自由遊びを的確に表現するならば「幼児自ら選んで行う遊び」であり、「気の合う仲間と共に取り組む遊び」である。自由遊びでは、幼児の自発性や意欲が基本になる。園によっては、自由遊びを「自発的な遊び」と表現する場合もある。

　その代表的な遊びの種類としては、砂遊び、ままごと、積み木、鬼ごっこ、ブランコ・滑り台遊び、好きなように行う描画や製作活動、生き物とかかわる遊びなどがあげられる。幼稚園や保育所で幼児が行う遊びの多くが自由遊びである（図1-1）。これらの自由遊びの選択には、外部から強制力が加わることはなく、基本的には誰もがその遊びへ自由に参加でき、自由に離れることができる。遊びの内容や方法も自分たちで決める。幼児はそれらの遊びのなかで互いにイメージを伝え合い、気持ちを通じ合わせ、同じ遊びの仲間として協力し合って楽しい遊びにする。

　同じ遊びでも、遊び方や保育者のねらいによって自由遊びになるものもあれば、課題活動[*1]になるものもある。たとえば描画などはそうである。コーナー[*2]にクラスの誰もが使用できる共同の絵の具や筆、画用紙などが準備されていて、好きな時に自由に絵を描くことができればそれは自由遊びである。一方、保育者の指導のもとに、クラスのみんなで共通のテーマに向かって一定時間描画に取り組むような場合は課題活動になる。

[*1] 課題活動とは、幼児の実態をふまえて保育者が提起し、目的をもって「クラス全体で取り組む活動」をいう。園によっては「主活動」「メイン（活動）」と呼ぶところもある。幼児にとっては園生活すべてが重要な活動であることを考えると「課題活動」などの表記が適切と思われる。

[*2] コーナー設定あるいはコーナー保育とも呼ぶ。自由に参加できる遊びの場を事前に何箇所か準備をしておくことによって、幼児自ら興味をもって遊びに参加する。

図1-1　保育室及び園庭で行われる自由遊びのイメージ

3 自由遊びはどのようにして生まれるか

　幼児教育・保育は「環境を通して」行われるところに特色がある。心を動かすような魅力的な遊び環境が用意されていれば、幼児は自らその環境（遊具、用具、材料など）にかかわって遊びを展開する。

　夏が近づけば水を使った遊びに興味が生まれる。保育者はそんな幼児の姿を予測して、園庭につながるテラスに机を出し、空き容器、すり鉢、すりこぎなどを準備しておく。すると、幼児の何人かはその環境に興味を抱いて遊び始める。葉っぱや枯れた花などを摘んできて、色水をつくるだろう。保育者がタイミングよく声をかければ、さらにその遊びが楽しいものになっていく。自然な色の"ジュース"ができ、ジュース屋さんごっこに発展することもある。

　雨が降った後、園庭の水たまりを眺めていた幼児が、そこで泳ぐアメンボを見つけた。捕まえようとしてもなかなか捕まえられない。なぜ浮かぶのだろうか。アメンボはどこから来たのだろうか、不思議な思いで見つめている幼児もいるだろう。保育者は、そんな幼児と一緒に水たまりのアメンボについて話をする。これも、自由遊びの一コマである。

　気の合う仲間で積み木遊びをする。前日に宇宙船ごっこをして楽しかったから、この日も遊びの続きをすると言う。工夫して宇宙船を組み立て、みんなが乗れるようにする幼児、宇宙は広くてふわふわ浮かぶことができると知識を語る幼児、おなかがすいたからと言ってままごと遊びの仲間から食べ物をもらってくる幼児、武器や通信機などをもって参加する幼児、シートに座って絵本を見る幼児など、それぞれが思い思いにイメージを描き、ストーリーを展開して遊びを繰り広げる。

保育室だけでなく、園庭でもいたるところでこのような幼児の遊びが見られる。自ら選んでする遊び、つまり、自由遊びは日々多様に生まれ変化していくのである。

自由遊びが生まれるために重要なことは、①前日の幼児の姿をふまえて遊びが自然に生まれる環境をつくっておくこと、②保育者が一人ひとりの幼児の思いを受けとめて楽しい遊びになるようにすること、③十分遊ぶことのできる時間や場を保障することである。

4 自由遊びはいつ行われるのか

一般に幼稚園では以下のような流れで一日の保育が行われる（図1－2）。保育者は登園する幼児一人ひとりを「おはよう、元気に来たね」と迎え入れ、気持ちを通じ合わせる。保育者や友だちと行う朝の出会い[*3]が幼児の楽しい一日の始まりになる。幼児は持ち物の整理をして、衣服を整え、それぞれ自由な遊びを選んで参加していく。

*3　幼児教育では朝の出会いを重視する。気持ちのよい朝の出会いはその日一日の幼児の心をうれしくする。健康状態の把握なども同時に行う。

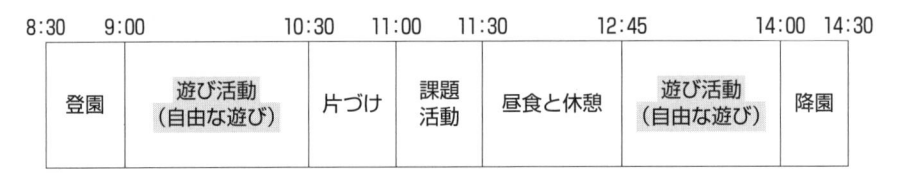

8:30	9:00	10:30	11:00	11:30	12:45	14:00	14:30
登園	遊び活動（自由な遊び）	片づけ	課題活動	昼食と休憩	遊び活動（自由な遊び）	降園

図1－2　一般的な幼稚園の一日の保育の流れ

前日の遊びの続きを仲間とともに行う幼児もいれば、新たに考えた遊びに取り組む幼児もいる。保育者とともに過ごす幼児もいて、園内では多様な遊びが展開する。保育者はそれらの遊びの様子を把握しながら、必要に応じて仲間入りして遊びを援助する。

一定時間自由に遊んだ後は、片づけをし、手洗い・用便などを済ませてクラスのみんなで行う活動に入る。ここでは幼児がみんなで経験することが望ましいと考えた活動を保育者の提案で取り組むことになる（この詳細については主に3章の「課題活動」で詳しく学ぶ）。

それが終わると、昼食の準備が始まり、みんなで昼食をとる。幼稚園では、昼食は給食のところもあれば、家庭から弁当をもってくる場合もある。保育所は例外なく給食である。食後は絵本を読む、絵を描く、折り紙で遊ぶなど、静かな遊びをして体を休める。

その後、再び自由な遊びを行う。朝の続きをする幼児もいれば、異なった遊びに興味を示して別の遊びをする幼児もいる。園によっては午後はできるだけ園庭

第1章　遊び活動の指導方法・援助

へ出て遊ぶようにする、砂場は使用しないようにするなど遊びが拡散しないように、また後片づけをスムーズに行えるように考えるところもある。

　その後、片づけ、降園準備をしてみんなで集まり、一日を振り返り、歌をうたい、絵本などを読んでもらって落ち着いた気持ちで降園をする。

　もちろん年齢、季節、行事との関係などで、必ずしもこのように一定のパターンで行われるわけではない。プール遊びや運動会などの取り組みが計画されれば、変則的な流れになる。

　また、園の教育方針はさまざまなので、課題活動の時間を長めに設定したり、逆に自由な遊びを多くしたりするなど、それぞれの特徴を出すこともある。園によっては全員が登園したころを見計らってそれぞれのクラスで朝の集まりを行い、全体であいさつを交わし、歌をうたい、課題活動に取り組むことから一日をスタートするところもある。

　保育所の場合は、午前中の活動はおおむね図1-2の流れと同じであるが、午後は午睡＊4やおやつの時間が設けられ、保護者の迎えがあるまで自由な遊びをして過ごすことが一般的である。

＊4　保育所における午睡は4歳児後半、5歳児においては実施されないことが多い。体力がついてくるからである。ただし、夏期は体を休めるために行う場合がある。

2 遊び活動の意義について

1 遊びが子どもを育ててきた

　かつての子どもは伝統的な遊び、自然の遊び、地域の行事、庭や路地の遊びを仲間やきょうだいで楽しんだ。時代の変化とともに現代ではコンピュータゲームなどの電子制御の精巧な玩具や家電のミニチュア玩具で遊んだり、家族での団欒やレジャーに出かけたりることが遊びの中心になった。新しいタイプの魅力的な遊びを安全に楽しむことのできる時代になったが、子ども同士で遊びを考え、意欲的に遊ぶ姿は少なくなった。社会の変化は子どもの遊びに大きな変化をもたらした。その変化は次のようなものである。

- 異年齢の集団での遊び ⇨ 家族・個人の遊び
- 身体を存分に使う戸外遊び ⇨ 静かな屋内遊び
- 身近な地域の行事などを楽しむ ⇨ 広域的なイベント（ショッピングセンターや公共のイベント）を楽しむ
- 自分たちで遊び道具をつくり出す ⇨ 完成した市販の玩具を享受する

　この変化は進歩でもあるが、一方では子どもの育つ力を弱くしている。かつての子どもは遊びを通して、たくましく、力強く、賢く育った。辛抱することも協力することも教えられた。小さな子どもに対して優しくすることや年長児として

29

の責任も学んだ。自然の不思議さや威力も身をもって知った。遊びに必要なものは自らつくり出した。生き生きと意欲的に遊んだ。遊びの体験を通して生きるために必要な多くの知恵を学んだのである*5。きょうだいや異年齢の仲間と、地域での遊びを通して得られたこれらの大切な力の育成は、現在、幼稚園・保育所・学校に委ねられているのではないだろうか。遊びを通して子どもを力強く育てることが幼児教育の課題である。

*5 フレーベル(Fröbel,F.W.A 1782－1852)は遊びを通した学びについてこう述べている。「力いっぱいに、また自発的に、黙々と、忍耐づよく、身体が疲れきるまで根気よく遊ぶ子どもは、また必ずや逞しい、寡黙な、忍耐づよい、他人の幸福と自分の幸福のために、献身的に尽くすような人間になるであろう」1)。

|2| 遊びは幼児の育ちを促す

(1) 遊びには幼児を成長させる多様な力がある

4歳児が行ったお店屋さんごっこの記録をもとに、遊びを通して幼児が獲得する多様な力について考えてみたい2)。

> **事例1-①　お店屋さんごっこ**
> 2週間ほど前に年長児が「お店屋さん」に誘ってくれたことがきっかけとなり、4歳児クラスでもお店屋さんごっこが始まった。かき氷、ジュース、花などの品物をつくり、お客さんに来てもらうことや、お盆に乗せてほかのクラスへ売りに行くことを楽しんでいる。

仲間とともに取り組もうとする気持ちはものごとに取り組む意欲を培う。遊びを通して幼児の願いが実現すると充実した気持ちになる。カップに入れた綿に少し色をつけてかき氷にする、透明容器の内側に色紙を貼りジュースにする、紙を棒状に巻いて花びらや葉をつけるなど、遊びに必要なものを工夫してつくる姿がある。

> **事例1-②　「そうだ！書いてくるわ！」**
> この日もAくんが中心になり、年長組がしていたように積み木でカウンターをつくり、Aくん、Bさん、Cくんが並んで座り、かき氷屋さんごっこを楽しんでいた。しかしお客さんはあまり来てくれなかった。Bさんは「そうだ、紙に"かきごおりやさん"って書いてくるわ！」と言って、店を出て行った。

お店屋さんらしくするためには場を構成する必要がある。「ごめんください、ジュースをください」「いらっしゃいませ、とってもおいしいですよ」などと会話を交わす。幼児は少し改まった口調で店屋さんにふさわしい会話をするであろう。また、ここでBさんのようにお店の看板を考え、文字を使って表現することに挑戦する幼児もいる。

第1章　遊び活動の指導方法・援助

> **事例1−③　「イスもってきてあげる」**
> しばらくしてBさんが"かきごおりやさん"と書いた紙を持って戻ってくると、そこにDさんがニコニコしてうれしそうに座っていた。Dさんは言葉で自分の思いを伝えることが苦手な幼児である。自分のしたい遊びを見つけられない時もある。Bさんは「そこBのすわってた場所なのにー、すわらないで！」と訴えるが、Dさんはニコニコしているだけで換わろうとしない。Aくんは保育者にそのことを告げる。保育者は3人の近くへ行き「Dちゃんもみんなと一緒にお店屋さんしたいのかなぁ」と言うと、Aくんが「ダメ、だってここはAとBちゃんのすわるところだからね！」と激しい口調で言う。保育者はそれぞれの幼児の思いを伝えてやっていると、Cくんは「そうだ、Cのとなりにイスもってきてあげるよ！」と言ってイスを運んできた。

　Dさんが仲間入りしてきたため座る場所をめぐって遊びが混乱する。幼児は保育者の助けを借りながら、それぞれ自分の思いを言葉や行動で相手に伝えるなかで、思いのずれをどのように調整すればよいか考え、Cくんのように課題を解決するためのアイデアを出す幼児も出てきた。

> **事例1−④　「座れてよかったね」**
> 4人の座る場所ができたことによって、Dさんも仲間に加わり4人でかき氷屋さんごっこを再開した。BさんはイスをはこんでくれたCくんに「Cくんありがとう」と言う。保育者も座席を移動したAくんに「その場所でいいの？」と確認すると「うん、いいよ」と満足そうにうなずいた。「Aくん、Cくんありがとう。Bちゃん、Dちゃん座れてよかったね」とうれしい気持ちを伝えた。

　葛藤場面を乗り越えた4人の仲間はお店屋さんを再開する。かき氷、ジュース、花などを売るために、同じお店屋さんとして気持ちを通じ合わせ、協力する姿を示す。こうした遊びを通して幼児は仲間としてつながっていくのである。

　一連の遊びのなかに人が成長していくうえで欠くことのできない力が"自然に"培われていることがわかる。
　遊びから得られる多様な力は年齢（発達）によって、個人によって、それぞれ

異なるが、いずれの場合であっても後の「学びの基礎」になり、「生涯にわたる人格形成の基礎」になるものである*6。

（2）遊びを通して得られる「多様な力」とは何か
① 身体、機能の育ち

　鬼ごっこ、ボール遊び、園庭遊具の遊びなどは身体を使った遊びである。このような遊びを通して幼児の健康的な育ちが促される。力強い足取り、機敏な動き、しなやかな調整力、何度でも挑戦しようとする意欲は将来にわたる健康の基礎になる。

　砂遊び、ままごと、積み木、造形遊びなど多くの遊びのなかで幼児は手、指の機能や視覚、聴覚などの感覚をフルに使用する。こうして幼児の身体諸機能はすべての遊びを通じて育てられていく。

② 社会性の育ち

　幼児にとって多くの場合、幼稚園や保育所は初めての集団生活の場である。家庭において親子間で、また家族間で社会性の芽生えを培ってきた幼児は、仲間と過ごす園生活を通して集団生活に必要な社会性を培う。

　遊びに加わりたい時には「入れて」と言い、相手に迷惑をかけたら「ごめんね」と謝る。困っている幼児がいれば「だいじょうぶ？」と気遣いをする。これらは相手を配慮する心である。遊びのなかで、自分の気持ちを相手に伝える、相手の考えと合わない時にはアイデアを出し折り合いをつける、相手の考えを受け入れる、など集団生活に必要な力を身につける。

　遊びを通して、人と人はどのようにつながったらよいのか体験的に学んでいくのである。

③ 知的な力の育ち

　知的能力は本来総合的なものであるが、ここではいわゆる知識・認識面での育ちとして考えてみる。

　ままごとで、家族の人数分の食事を準備する。そのことを通じて人の数と準備する皿や箸の数を対応させたり、均等に分ける方法を考えたりする。積み木遊びでは三角柱を2個合わせれば立方体になることを知る。物知りの幼児は宇宙へ旅をするごっこ遊びのなかで宇宙に関する知識を与えてくれる。砂場遊びでは、湿った砂はトンネルが掘りやすいことや、水は高いところから低いほうへ流れることなどを学ぶ。科学への関心の芽生えもこうして遊びを通して育まれる。

　生き物や植物への関心も、遊びを通して育まれることが多い。捕まえた昆虫を眺め、遊ぶことを通してその生態を知る。草花を摘んで遊ぶことを通して、草花

*6　津守真（1926－）は『保育の体験と思索』で幼児が遊具で遊び、空間の大きさを知っていくことを次のように述べている。「子どももこうして、高いところに上がって立ったり、低い地面に横たわって高い空を望み見たり、こういうことをくり返して、自分自身の内的世界に、天と地の認識を明瞭にしつつあると思う」3）。

の名前、匂いや色などの特徴を知っていくのである。

　これらは遊びという実体験を通した学びである。小学校以降の学びはどちらかというと知識の提供を受け、考えて理解する学びに重点が置かれる。幼児期は実体験を通して、心や体を動かして獲得する学びが重要である。好奇心や意欲、達成感が培われること。それが後の学びの原動力になる。

④　言葉の育ち

　言葉の深まりと広がりによって、幼児は考える力がより確かなものとなり、同時にコミュニケーション能力が育まれる。ごっこ遊びでは、イメージを共有するために自分の考えを相手に伝える、自分とは違う役になって表現することを通して、新たな言語の世界に挑戦する姿がある。ルール遊びでは仲間同士で作戦を考え、相談する姿もみられる。

　相手の思いと自分の考えが異なる時には、"話し合い"をして解決への方向性を探ろうとする。仲間とともに行う遊びではコミュニケーションをとる必要性から、話す力と聞く力が必然的に育てられることになる。幼児期に大切にしたいのはこの"話し言葉"である。"話し言葉"の豊かさが読み書き能力や思考の深まり、表現能力の育ちへとつながっていく。

　保育者による読み聞かせなどが基礎になって、幼児自ら絵本に触れて遊んだり、劇などの表現活動を楽しんだりすることがある。感動をともなって得た言葉や表現の世界は確実に幼児の心に定着する。園にはこのように、個々の家庭では補うことのできない良質な幼児文化とめぐり合える環境がある。

⑤　感性の育ち

　生き物と触れ合って、命の不思議を実感する幼児がいる。心を込めて世話をすることもあれば、遊んでいて図らずも命を奪ってしまうこともある。生き物とのさまざまな触れ合い体験は幼児の心を育ててくれる。

　幼児の心は柔らかい。水たまりに浮かんだ桜の花が風に揺らぐのを見て「花びらがダンスしているみたいだね」と言う幼児。現実世界で過ごすことに慣れた保育者のほうが幼児から学ぶこともある。

　自由な遊びのなかで幼児は描くこと、形にすること、歌うこと、演じることなど、持ち味を発揮する。それぞれに興味あることに熱心に取り組みながら自らの感性を生かした表現に挑む。

　以上、5つの側面から遊びを通して幼児の育つ力を考えた。実際にはもっと多様にある。『幼稚園教育要領』、『保育所保育指針』にある各領域の「ねらい」と「内容」を今一度読み直し、遊びを中心とした園生活を通して幼児はどんな力を育て

ているのか考えてみると詳細に整理できるであろう*7。

3 遊びは幼児に"心の安定"と"自信"を与える

（1）心の安定を培う

　私たちが遊びをする時はどんな時であろうか？　大人は多くの場合、厳しい生活の合間をぬって一時の心の休息を求めて遊ぶことが多い。

　幼児が遊ぶ時はその遊びの世界にどっぷりと浸って夢中に遊ぶ。一心不乱にすべてのエネルギーと情熱を傾ける。次にその様子を示す記録5)でみてほしい。

> **事例2　海のひと時**
>
> 　五月晴れの爽やかな日、はだしの5人は気持ちよさそう。樋(とい)で砂場へ水を引き、海に見立てて海底の砂を浚渫(しゅんせつ)しています。ショートパンツのお尻のあたりに湿った砂がついている子、海のなかへ肘(ひじ)まで突っ込んで海底を掘っている子…。
>
> 　掘り出した砂は海の横で大きな山になりました。Hくんはトンネルを掘り始めました。私（保育者）も仲間に入り、向かい側から掘り進めました。水と砂が混じった懐かしい匂いがしました。しばらくするとHくんの指先と私の指がザラザラした砂の向こうで触れ合いました。思わず2人でにっこり顔を見合わせました。
>
> 　今度は十字になるようにTくんと私が別の位置から掘り進めました。こうして見事トンネルが完成するとYくんがスコップに水を汲んで流し始めました。Tくんもジョロに水を汲んで入れ始めました。水の流れる様子を楽しんだり、なかにたまった砂を掘り出したりしていましたが、とうとうトンネルは崩れてしまいました。みんなが一瞬「アー」と言ったのですが、Tくんはすぐさま崩れた砂山の上に道をつくり、ダンプカーを走らせました。Yくんも海に船を浮かべ、また次の遊びへと移っていきました。

　ここに出てくる幼児は仲間とともに壮大な土木工事を行っているような気持ちになっているのではないだろうか。幼児はこうして憧れの役になったり、イメージを膨らませたりして遊びに全精力を注入し、大事業を行っているような気持ちでいるに違いない。

　幼児はこのような遊びで何を得るのであろうか。先に見た「多様な力」もあるが、それに加えて「心の安定」を得ているのである。幼児にもストレスはある。大人

*7　ロバート・フルガム（1937－）は園の生活を通して学んだことを次のように述べている。「人間、どう生きるか、どのようにふるまい、どんな気持ちで日々を送ればよいか、本当に知っていなくてはならないことを、わたしは全部残らず幼稚園で教わった。」「なんでもみんなで分け合うこと。ずるをしないこと。人をぶたないこと……」4)と続く。

中心の社会生活・家庭生活のなかで、幼児は結構なストレスを抱えている。「好き嫌いしないように」、「早く着替えなさい」などと大人に言われ、相当の欲求不満が蓄積されるのが今日の幼児の姿であろう。

　幼児は日々の生活のなかの不満や不安を、無意識に遊びを通して解消している。園で意欲的に繰り広げる遊びを見ると、そう感じざるを得ない場面が多々ある。先に、幼児の遊びは後の人生を力強く生きるために、また"学習"につながる学びの基礎として重要だとした。しかしそれだけではなく心のバランスを取り、さまざまな欲求不満を解消するためにも有用であることを理解しておきたい[*8]。

*8　臨床心理学者の河合隼雄（1928－2007）は『遊びと悪』[6)]のなかで、言葉を使おうとしない6歳女児に行った遊戯療法を報告している。女児は（遊びとして）鉄砲を撃ち、用便をし、母親を殺すなどの表現をして、心を整えていった過程を述べている。

（2）自信を培う

　自信は自らを信じる力である。自らを信じることのできる人は、いまの自分を力強く生きることができる。幼児は好きな遊びを十分するなかで、その遊びを奥深く味わい、さらに大きな力を得る。

　絵や製作の好きな幼児は仲間とともに自由な遊びのなかで描画や造形に取り組んだり、時にはごっこ遊びで使うものを自分たちでつくったりする。

　身体を動かす遊びの好きな幼児は、気の合う仲間とともに行う自由な遊びを通してますますたくましく、力強く、辛抱強く育つ。

　仲間とうまくコミュニケーションが取れず、他児とかかわることに不安のある幼児が好きな遊びを通して人とかかわることに自信をもつこともある。

　遊びに興味をもって参加することで、やがて周りの幼児にその力を認められ、自信が生まれ、生涯にわたる有能感、有用感[*9]の形成につながる。このことは一人ひとりの個性やその人の持ち味を育てることでもある。

*9　自己有能感、自己有用感という場合もある。自分にはこんな能力があるのだ、自分はみんなの役に立っているのだと思うことができる心の状態をいう。広い意味で、自己肯定感と考えてもよい。自分に自信をもって生きることにつながる。

3　さまざまな遊び活動の指導・援助の視点とポイント

1　遊び活動の指導・援助の基本

（1）指導・援助の多様性

　自由な遊びは幼児のあるがままの遊びとして見守ることでよいのだろうか。それだけでは幼児教育とは言えない。保育者は幼児が繰り広げる遊びの仲間として加わって、自然な姿でその遊びが豊かに発展するよう指導・援助することが求められる。

　さて、その"指導・援助"は具体的にはどのように行われるのだろうか。これはたいへん難しい。なぜならば幼児一人ひとりの実態に合わせて多様な方法で行わなければならないからである。しかも遊びは園内各所で展開しているので、保

育者はどう動いたらよいか判断の的確性が求められる*10。

(2) 指導・援助の個別性

　幼児教育における指導・援助で特徴的なことは、一人ひとりにふさわしい指導・援助をするということである。幼児教育は一対一の営みである。どの幼児も"私と先生"という関係で保育者を求める。

　したがって、とくに自由な遊びの場面では一対一の指導・援助に心がけることが必要である。"一人の幼児"が育とうとする時と場は"その時、その場"である。"その時、その場"で"一人の幼児"に指導・援助することが幼児教育を効果的にする。どの幼児にも優れたところと乗り越えなければならない課題がある。うれしい姿は十分に認め、改善を求めたい課題に対しては丁寧にまた根気よく指導・援助することで徐々に成長・発達が促される。自由な遊び場面だからこそ、効果的に行うことができるのである。

2 指導・援助の実際

① ともに遊ぶ

　保育者も幼児の遊びに加わって遊びがより楽しくなるような支援をする。その際重要なことは、幼児の発想や考えを受けとめ認めることである。幼児の発想は夢があり、ユニークである。豊かな感性で保育者の考えを超えるアイデアを提起する幼児もいる。幼児の受けとめ方は柔軟であり、ほかの幼児が提起する突拍子もない提案もすんなり受け入れて、遊ぶこともできる。

　ともに遊ぶ保育者は、幼児の発想を柔軟な気持ちで受けとめ、遊びへの願いを自然な流れのなかで実現させる指導・援助に心がけたい。

② 環境を準備する

　ティッシュペーパーの空き箱に犬の顔を小さく描いて貼りつけ、足やしっぽをつけた女児がいた。「わたし、かわいいワンちゃんをつくったの」と言って見せてくれた。その後、ひもを探して箱（犬）につけて、引っ張って散歩させた。同じように友だちもワンちゃんをつくった。

　このような遊びが成立するためには、素材や用具を自由に使える環境が必要になる。日ごろから空き箱や空き容器、画用紙やひもなどが自由に使える環境であり、製作のための用具も使えるようになっていることが必要である。

　幼児の発達やその時期にふさわしい環境を準備しておくと、幼児はその環境に興味を示し、自ら進んでその遊びに参加する。

---

*10 『幼稚園教育要領解説』に保育者の役割について記述がある。それによれば保育者は理解者、共同作業者、憧れを形成するモデル、遊びの援助者としての役割があるとして「温かく受け止め、励ましたり、手助けしたり、相談相手になる」7) など、きめ細やかなかかわりをもつことを求めている。

③ 提案する

 先の遊びには続きがある。保育者が「ワンちゃんにもおうちがあるといいね」と言って、少し大きめの（ワンちゃんが入るほどの）段ボール箱を探して出した。保育者とともに屋根や窓をつくってワンちゃんの家ができあがった。仲間の幼児も何人かが家をつくり、とうとう犬の街ができた。ドッグフードをつくって食べさせたり、家の周りに木や遊具をつくったりして、犬の街遊びは多くの幼児に広がり、その後も何日か続いた。

 保育者は幼児の行う遊びがさらに楽しくなるように、幼児の気づきを促すための適切な提案をすることも必要になる。

④ 認める、承認する

 幼児が取り組む遊びは夢があって楽しい。時には保育者がそれを認め、賞賛することで幼児は満たされた気持ちになってその遊びを堪能する。次の記録から考えてみる[8]。

事例3　トカゲの落とし穴

 男児数人が"きのこの山"（園庭の小高くなった一角）で直径20センチ程度、深さもそれ位の穴を掘っていた。何をするのだろうかと不思議に思ったがその場を離れた。1人の男児が内緒話をするかのように「いいのができたよ」と教えに来た。こっそり行って後ろのほうから見ていると、穴に細い木の枝を渡して、落とし穴のようにしていた。

 中心の男児は、懸命に周りにいる仲間に説明している。「いいか、ここの木をトカゲがわたるだろ、そうすると木がくるっとまわってトカゲがあなにおちるから、そうしたら、このドングリをトカゲになげてきぜつさせよう」と言っている。そして「トカゲにきづかれないように、この木にかくれてみはっていよう」と真剣である。

 足を踏み外して穴に落ちるトカゲがいるはずもないし、第一そこへトカゲが来ることはない。しかし、幼児の発想はおもしろい。こんな楽しい夢のある遊びを認め、受けとめ「素敵だね」と賞賛することで、幼児は十分な満足感を得る。

⑤ 禁止する、注意する、理解させる

 危険なこと、けがにつながること、相手の心を傷つける言動については、見逃してはならない。丁寧に教え、理解を促す必要がある。幼児の場合はその場に応

じて、幼児の経験に即して丁寧に導くように心がける。

　相手がいる場合のトラブル、けんかなどは保育者が互いの気持ちをつなぐことが必要になる。年齢の低い幼児は自分の言葉で複雑な状況を説明することは苦手である。それを「○○したかったんだよね」「○○って言おうね」と言語化してやることが保育者の役割になる。

⑥　見守る

　前日その遊びに保育者も入って一緒に遊んだのであれば、遊びの様子はよく把握できている。本日も同じようなメンバーで楽しく遊んでいるから、大丈夫という場合は見守ることもある。その際は、別の遊びからその様子を時々うかがい見るだけで、直接的にかかわらないことになる。しかし、保育者には、そこで遊ぶ一人ひとりの幼児の様子は推察できる。前日その遊びにかかわったから、次の姿が予測できるのである。これは無関心、放任、見過ごしとは異なる"援助"である。

|3| 自由な遊びの指導・援助の留意点

　自由な遊びにおける保育支援の方法には上記のような多様な方法がとられる。これを図示すると以下のようになる（図1－3）。

図1－3　自由な遊びの指導・援助の方法

　保育者は、これらの指導・援助の方法を、時と場合によって組み合わせ、幼児によって使い分けながら実践する。保育者によっては上記以外の方法をとる場合もある。ここで注意したいのは、いつも固定した支援の方法をとる傾向になっていないかということである。自分の保育支援の方法を振り返ってみる時、③④⑤中心の保育であったとなれば、"保育者主導型の保育"に偏っていることになる。一方、①②⑥中心の保育であったとなれば"幼児見守り型の保育"に偏っていることになる。幼児の状況に合わせ、遊びの様子に合わせ、保育者の幼児への願い

を反映させる臨機応変の指導・援助であることが求められる。
　保育者によるきめ細やかな遊びの指導・援助があってこそ幼児は育つといえる。

4 実践事例から学ぶ

1 遊びのなかで幼児がつながり、気づきが促される

　気の合う仲間とともに行う自由な遊びは、幼児のつながりを深めるとともに気づきや発見を促す。この事例には砂場へ水を入れ、はだしになって遊ぶ幼児が水の冷たさや気持ちよさを感じながら、互いに心を通い合わせる様子が記述されている[9]。また、砂の上にできた足跡を見ながら語り合い、幼児の視点で砂を科学しようとする会話も記述されている。幼児の姿から学んでほしい。

事例4　「砂遊び場の足跡をめぐって」　4歳児　9月

　AくんとBくんは砂遊び場でスコップを使い、15cmほどの穴を掘った。2人はジョウロを手にしてタライから水を汲んで運び、その穴へ入れた。楽しくなってきて笑い声を上げ、「ジャージャー」と言って繰り返し水を運んで入れた。水がたまってくるとAくんとBくんは「はだしになってこよ」と言って靴と靴下を脱いだ。Aくんは保育者に「先生、おんせんできたよ。いっしょにはいろ」、Bくんは「先生きてー」と言った。保育者は砂遊び場で一緒に川をつくっていたCくんとDさんに温泉に入ってくることを伝え、AくんとBくんのそばへ行き「AちゃんとBちゃんと一緒に温泉に入るの楽しみだなあ」と言いながらはだしになった。

　温泉に入るとAくんとBくんは「キャー」「つめたーい」とうれしそうに声を上げた。保育者も一緒に入って「うわあ、冷たくて気持ちいい」と2人の顔を見ながら言った。すると2人は「きもちいいなー」「つめたーい」と何度も言い、その場で足ふみをしたりじっと立って浸かったりして水の心地よさや砂の感触を楽しみ始めた。保育者も同じようにしながら3人で楽しんでいるとCくんとDさんもはだしになってやってきた。2人は「ぼくもおんせんにはいりたい」、「Dちゃんも」と言った。温泉は3〜4人入るといっぱいになるくらいの大きさなので「いいよー」と言って3人は温泉から出た。CくんとDさんはうれしそうに入ると「うわあ、つめたい」と声を上げた。

5人は交代で温泉に入って楽しんだ。
　温泉に入ったり出たりしているとCくんが「先生みて、あしあと、あしあと」と言って砂の上についた足形の跡を指差した。保育者はしゃがんで「あっ、ここにCくんの足跡ついてるね」と驚きながら見た。Aくん、Bくん、Cくんも保育者のそばにしゃがむと「ほんとだ」「あるある」と足跡を見た。Cくんは「先生のはどんなの？あるかなあ」と言ったので、保育者は「どうかなあ」とわくわくした気持ちでそっと足を動かした。Cくんは「あるある、おっきいよ」とうれしそうに保育者の顔を見た。Aくん、Bくん、Cくんも足を動かすと「あったあった」「ぼくのもあるよ」「こっちのはこんなんやよ」「みてみて」と次々に言って保育者や友だちに自分の足跡を見せたり見せてもらったりして喜んでいた。
　足跡をつけることが楽しくなった5人は砂遊び場のなかを歩きだした。歩いているうちに足跡がはっきりつくところ、すぐに形が崩れてしまうところがあることに気づいたCくんは「先生、こっちのはすぐなくなるよ」と言った。驚きながら保育者が「えっ、どれどれ」とのぞき込むとCくんは「ほら」と得意げに足を動かしてみせた。「うわあ本当、すぐになくなっていくね」と言って保育者もCくんと同じようにやってみた。何度か繰り返していると、湿った砂の上にいたAくんは「ぼくのは、こんなのだよ」とはっきりとついた足跡を見せた。保育者はAくんの横に行き「Aちゃんのところは足跡がよく見えるなあ」とのぞき込むとAくんは「なかなかこわれないでしょ」と言った。AくんとCくんは不思議そうに「なんであっちのはすぐなくなるんだろ」「こっちのはまだのこってるよ」「なんでかなあ」と考え始め、保育者に「なんでかな？」と尋ねてきた。
　保育者は、自分たちで考えたり気づいたりしていってほしいと思い「なんでかなあ？　向こうのはすぐなくなるし、ここのはまだ残っているし、不思議だなあ」とAくんとCくんと一緒に考えることにした。BくんとDさんもそばへ来て、5人は乾いた砂の上と湿った砂の上に足跡をつけた。Dさんはトントンと保育者をたたいて保育者だけに聴こえる声でゆっくりと「あのね、こっちのはつめたい。で、あっちはあったかい」と言った。保育者は「どれどれ」と両方の砂の上を歩いてDさんに「Dちゃんが言ったとおり、向こうはあったかくてこっちはつめたいね。すごい発見だなあ」と言うと、照れながら「つめたいから、かたまるんだよね」と言った。保育者が「そうか、砂が冷たくて足跡が固まったんだ」と感心しながら言うと、Aくんは「水でかたまったんや」、Cくんは「サラサラだからすぐにこわれてしまうのかなあ」、Bくんは「ぎゅってしたのかな？」と次々思いついたことを言った。
　その後も足跡がはっきりつくよう足踏みをしたり、指先に力を入れて踏ん張ったりしていろいろな方法で足跡をつけて楽しんだ。

第1章　遊び活動の指導方法・援助

　暑い季節に砂遊び場へ水を入れ、そのなかへ入って遊ぶことは心地よい。ここで幼児はどのような感覚を味わっているのであろうか。どのような心の状態になるのであろうか。
　気持ちの通じ合う仲間と一緒に水に入ることで、温泉に入った時の楽しさを思い出したのであろう。ここで繰り広げている温泉の遊びはどこに魅力があると考えられるだろうか。
　足跡をめぐって幼児の探究が始まった。あえて結論を導き出さなかった保育者の姿をあなたはどう思うか。幼児教育・保育の観点で考えてみてほしい。

★事例から考える学習のポイント
・幼児は楽しく遊ぶ経験を通して学びを得る。何を学ぶかは、幼児一人ひとり異なる。保育者は個々の幼児に合わせて指導・援助を行い、気づきや発見の喜びを実感させたい。保育者が答えを教えてしまうのではなく、幼児の考えや感じ方を重視した指導・援助になるように工夫したい。

2　楽しい遊びへの工夫

　園庭の太鼓橋の下にマットを敷き、上にシートをかけて家に見立て、ごっこ遊びが始まった。ここで幼児はどのような姿を見せるのであろうか。保育者はこの遊びを豊かな内容にするためにどのような指導・援助をするのであろうか。ともに考えてみたい[10]。

> **事例5　「シートで囲ったおうち」　4歳児　1月**
> 　男女9名がおうちごっこの相談をしていた。Aさん「なにになる？」と聞くと、それぞれ「わたし、おねえちゃん」「ぼくおにいちゃん」と言う。Aさんは希望を聞きながら、それぞれの役を確認していた。Aさんが保育者に「先生、おかあさんになって」と言ったので参加することにした。
> 　太鼓橋が家になり、みんなで靴を脱いで太鼓橋の下に敷いてあるマットに上がり、座ってくつろいだり、太鼓橋に登って遊んだりした。保育者はこの後どのように遊びが展開すると楽しいだろうかと、上を見ながら考えると、同じように見上げていたBさんが「この家、屋根がないなあ、屋根つくりたいなあ」と言った。保育者「それいいね、なにでつくるといいかなあ」と言うと、以前年長児がしていたのを思い出して、Bさんは「あおいシートにしたら？　まえ年長さんがしてみたいに」、Cさんも「それがいいなあ」と言う。
> 　そこで、倉庫からブルーシートを運んできて、太鼓橋にかけることになった。大きなブルーシートを自分たちでどのように太鼓橋にかけるか保育者は興味を

もって見守った。たたんであるシートを数人が引っ張り合いながら広げ、その間にほかの数人が太鼓橋に登った。広げたシートの端を太鼓橋に乗っている幼児に渡し、その幼児がシートを引っ張り上げ、反対からまたほかの幼児が引っ張り、太鼓橋にシートをかぶせた。屋根ができると「できたー」と喜んで家のなかへ入り、自分たちだけの閉ざされた空間を楽しんだ。この日は少し風が吹いていたので、保育者はシートが吹き飛ばされないか気になった。

　「おなかがすいたから、おかあさんごはんつくって」と言われ、保育者「じゃあ、今日のご飯はなににしようかねえ、材料がないから買い物に行ってくるわね」と出かけようとした。Bさんが「高級な肉かってきてバーベキューしよ」と言い、Dくんが「かぼちゃもかってきて」と続いたので、みんなも「キャベツも」「にんじんも」と次々に買い物を頼んだ。楽しそうな雰囲気に誘われ、外国籍児Eさんが近くへ来た。家に入るように誘ったが、入りにくいようだったので保育者が「今から晩御飯の買い物に行くの、一緒に行く？」と誘うとEさんはうれしそうにうなずいた。落ち葉を拾ったり、葉っぱを取ったりしながら一緒に買い物をした。買い物を終えて家へ戻ると、風でブルーシートが飛んでいた。もう一度協力してかぶせると、Fくんは「とばないように、ひもで結んでおくといいんじゃないの？」と言った。今度はみんなでブルーシートについていたビニールひもを太鼓橋に結びつけた。保育者は「なるほどね、ひもで結んでおけば風で飛ばないもんね、うまいこと考えたね」と声をかけた。

　屋根も飛ばなくなり、Eさんも加わり家のなかでバーベキューを楽しんでいると、数人の幼児がブルーシートの上から太鼓橋を渡り始めた。保育者はブルーシートがしっかりと結んであることを確認して、その様子を見守った。棒と棒の隙間になったシートに座るとハンモックのような状態になり、Fくん、Bさん、Gくんが「これ、めっちゃ気持ちいいねー、♪おおきなーそらだよー」と歌って楽しんだ。ほかの幼児もかわるがわる登ったり、下に膨らんだお尻の部分を家のなかからつついたり、くすぐったりして遊んだ。Bさんが「先生もやってみー、めっちゃ気持ちいいよー」と言うので、保育者が「私が乗ったら破れて落ちないかなー」と応えると、Hくんが「落ちてきたらキャッチしてあげる」と言う。そこで保育者は「よし、頼んだよ」と笑いながら登って、お尻を沈めてみた。体がすっぽり包まれるような安定感があり心地よかった。「これは本当に気持ちいいね、歌いたくなるわ、♪おおきなーそらだよー」と保育者も歌った。「夜だったらほしがきれいだろうなあ」と話しかけるBさんに、「キャンプみたいだね」と保育者。片づけの時間までみんなで交代しながら楽しんだ。

4歳児後半になると多人数でごっこ遊びを行う姿が見られる。幼児はそれぞれどのようにしてイメージを共有していくのであろうか。また、ごっこ遊びを行う幼児はそれぞれどのような役割を担っているのだろうか。ごっこ遊びの魅力とともに考えてみてほしい。また、遊び環境の工夫の点からも考えてほしい。

★事例から考える学習のポイント

・保育者も一緒にごっこ遊びを楽しむ姿がある。保育者が参加することによって、遊びが豊かになる時がある。保育者のさりげない一言が幼児の発想を引き出したり、幼児の自信につながったりする。保育者も遊びの一員になって楽しく遊ぼうとする心が求められる。

3 遊びを通した幼児同士の伝え合い

次は、伝統的な遊びとしてのこま回しに取り組む幼児の事例である[11]。こまの回し方を教え励ます幼児、回せるようになろうと何度も挑戦する幼児。幼児同士のつながりのなかで互いのよさを実感する姿がみられる。

事例6 「伝え合いの遊び」 5歳児 1月

NさんとHくんがこま回しをして遊んでいると、「Kもこまやる！」とやってきた。Hくんは回せるようになったことがうれしく、何度もこまを回しては「百発百中になったよ！」と喜んでいた。Nさんはうまく回ったり失敗したりを繰り返しながら楽しんでいた。そんなHくんとNさんの様子を見ながら、Kくんは見よう見まねで、こまにひもを巻いていく。回してみるが、こまが転がってしまって回らなかった。傍らにいた保育者にKくんが「先生、どうやってひもまくの？」と尋ねたので、「先生の見ながらKくんも一緒にやってみて」と巻き方を見せた。Kくんは真剣な眼差しでやってみるが、思うようにいかない。保育者が手を添えながら一緒にひもを巻いてこまを回してみると、よく回った。Kくんは笑顔になり、こまが回る様子を見ながら、「やったー、もう一回自分でやってみる」とうれしそうに言った。

保育者は「Kくんすごい！自分でやってみようとする気持ちが素敵だね、先生も楽しみだな」と言った。Nさんが「Nもあきらめないでずっとれんしゅうしてたら、だんだんじょうずになってきたよ」とKくんに言う。Kくんは「よっしゃ、Kもがんばろ」とひもを巻くことに挑戦する。しかし、芯に引っ掛けたひもが取れてしまったり、こまに沿って巻くことができずに浮いてしまったりして、「ああ、もう！」と苦労している様子だった。

そんなKくんに気づいたNさんが「こうやって、きゅって最初にひっぱる

といいんだよ」と見せながらKくんに知らせる。続いてHくんも「だんだん力ぬいて巻いていくといいんだよ」とKくんに言う。「そうなんだ！」と驚いたように言いながら、Kくんは何度もやっていると、「ほんとうだ、じょうずに巻けた！先生みて！」とうれしそうに見せた。保育者は「きれいに巻けたね、NちゃんやHくんにいい巻き方教えてもらってよかったね。NちゃんやHくんも朝からずっとがんばったもんね」と認めた。Kくんが回したこまは転がってしまって回らなかったが「まわせるようになるまでこまやるわ」と言って何度も挑戦した。しばらくしてOくんとMくんもこま回しに入ってくると、Kくんが「Kのひもの巻き方おしえてあげようか？ HくんとNちゃんにおしえてもらったんだよ」と誇らしげに言う。

その後も、「おしい！」「すごい！じょうずにまわったね」「あーもうちょっとだったのに」と互いに声をかけ合いながら、こま回しを楽しむ5人の姿があった。片づけの時間になると、保育者のそばへ来て「先生、Kね、あしたもこまやるわ！」と言った。

　Kくんはこれまで、取り組む前からあきらめることがあった。しかしこま回しに取り組む過程で保育者や仲間に励まされ、熱心に挑戦する姿が出てきた。
　本人の努力の上に実を結んだ成功体験が、Kくんの自信につながった例である。幼児教育としての指導・援助を考える際、どんなところに配慮をすることが必要だろうか、事例を通して考えてほしい。

★事例から考える学習のポイント
　・結果を評価するのでなく、そこへ向かう幼児の姿を認め励ますことが幼児を　成長させる。
　・仲間の支えがあるから"やってみよう"とする意欲が出てくる。

【引用文献】

1) フレーベル（荒井武訳）『人間の教育（上)』岩波文庫　1964年　p.71
2) 橋本真季『三重県幼稚園協会研修資料』2011年　松阪市
3) 津守真『保育の体験と思索』大日本図書　1980年　p.171
4) ロバート・フルガム（池央耿訳）『人生に必要な知恵はすべて幼稚園の砂場で学んだ』河出
書房新書　1990年　裏表紙掲載文より
5) 田口鉄久『イメージの世界で遊ぶ』1996年　私製冊子
6) 河合隼雄『子どもと悪』岩波書店　1997年　pp.113-115
7) 文部科学省『幼稚園教育要領解説』2008年　pp.214-216
8) 田口鉄久『園だより』掲載文　1997年
9) 中尾容子『三重県幼稚園協会研修資料』2011年　松阪市
10) 高原栄美『三重県幼稚園協会研修資料』2012年　四日市市
11) 松尾みずき『三重県幼稚園協会研修資料』2012年　志摩市

第2章　生活活動の指導方法・援助

　みなさんの身に困ったことがあった時や悩んでしまった時は、友だちに話を聞いてもらうことがあることでしょう。問題が直接解決しなくとも、とにかく話を聞いてもらっただけで元気が出て、前向きになれるという経験をしたことがある人は多いのではないでしょうか。

　幼児たちも同じで、3歳以上の幼児たちは保育者だけでなく、友だちを安心の基地にしていきます。ぶつかり合いながらも、友だちとかかわるなかで、一人ひとりが園生活の主人公になっていきます。

　しかし、近年、幼児たちの生活経験はますます多様になり、友だちとのかかわり方がわからない幼児たちも増えています。そのようななかで、保育者はどのような援助や取り組みを行っているのでしょう。

　本章では、生活活動の部分、とくに仲間との生活に注目し、その教育的意義と保育者の役割について学んでいきます。

1 園での生活活動とは

|1| 倉橋惣三の「生活を、生活で、生活へ」

　倉橋惣三は、幼児教育において「生活」を重視した。彼の有名な言葉「生活を、生活で、生活へ」は、幼児のありのままの生活から出発して、その生活で充実した経験を積み、より充実した深い生活へと高めてほしいという思いがこめられている。倉橋が言う「生活」は、遊びも生活的な活動もすべて含まれており、幼児の経験すべてといえるだろう。

　小学校以上では、教育内容のなかに生活との接点をいかに見つけるかということを苦心するが、幼稚園や保育所では、生活体験のなかにこそ幼児が学ぶ教育的要素があると考える。社会状況や家庭の変化にともなって、幼児たちの生活経験も多様になっていくなかで、倉橋惣三のこの言葉からは、一人ひとりの幼児のありのままの生活を受け入れ、そこからスタートしていくことの重要性に気づかされる。

　では、幼児たちが、生活を通して学び、より充実した生活へ発展させていくために、保育者はどのような指導・援助を行っていけばいいのだろうか。家庭との連携がその基本にはなるが、ここでは、幼稚園、保育所における生活、そのなかでも「生活活動」と称される活動に着目して考えていく。

|2| 生活活動とは

　『保育用語辞典　第6版』（ミネルヴァ書房 2010年）によると、生活活動とは、「子どもの活動を生活と遊びに分ける考え方において、生活部分を指す用語」とある。

　つまり、生活活動は、毎日の生活を成り立たせるために行う活動であり、これは、幼児の成長とともに自分でできる部分が増えていく。こうした生活活動は、詳しく見ていくと、個人的なものと集団的なものに分けることができる。個人的なものとは、食事や排泄、睡眠、衣服の着脱などの生活習慣の自立にかかわる活動である。集団的なものとは、当番や係、順番、約束など仲間と協力して行う活動である。食事のように、個人的でも集団的でもあるものもあるが、とくに、3歳以上の幼児期の子どもたちにとって、集団的な生活活動は重要な課題となってくる。仲間とのかかわりのなかでの活動が重要になってくるのだ。

3 仲間とのかかわりのなかで生活の主人公になっていく

ところで、『ようちえんいやや』*¹ という絵本には、さまざまな理由で幼稚園を嫌がって泣いている幼児たちの姿が描かれている。園長先生にあいさつするのがイヤ、クラスの名前がイヤ、自分のマークがイヤなど…集団生活への移行における葛藤と自己主張の様子が表されている。そして、幼児たちみんなの気持ち「おかあちゃんといちにちいっしょにいたいだけなんや！」という言葉が、全員の泣き顔とともに表現されている。ところが、絵本の最後のページには、その泣きわめいていた幼児たちが楽しそうにお友だちと仲良く遊んでいるのだ。

幼児期の子どもたちは、まさに、友だちとのかかわりのなかで、生活の主人公になっていく。泣き虫の子も、甘えん坊の子も、言葉が遅い子も、ちょっと乱暴な子も、じっとしていられない子も、みんな、友だちとのかかわりのなかで、それまでできなかったことができるようになったり、いやだなぁという気持ちから友だちと一緒が楽しいと感じるようになる。こうして、誰かとともにいることの喜びがバネになって、仲間と協力（協同）することの喜びへと発展していくのだ。

このように、園生活において、幼児が主人公となっていくためには、仲間とのかかわりが大きな支えになってくる。そして、仲間と協力して行う活動である生活活動に注目すると、こうした活動が幼児たち自身に任されていくことが大事であることに気づく。では、どのようなことに気をつけて生活活動の指導・援助を行っていけばよいのだろうか。

次に、生活活動のなかでも集団的なもの、つまり、当番活動や係活動に焦点を当てて、その意義と指導・援助のポイントについて考えていきたい。

*¹　長谷川義史（作・絵）『ようちえんいやや』（童心社 2012年）。園にいきたくない子どもたちの気持ちに寄り添って創作された絵本。保育者や保護者にとって、子ども理解のヒントとなる一冊。

2 当番活動や係活動の意義

1 お手伝いではない

幼児はお手伝いが大好きである。お手伝いは、言葉を理解し始める1歳後半から簡単なお手伝い遊びとして始まる。保育者が「これポイしてきてくれる？」とお願いすると「アイ」と返事をしてゴミ箱に捨てる。「すごいね、えらいね」という大人のほめ言葉に、ますます喜びを感じて、お手伝い遊びをする。3歳以上の幼児でも「これを○○ちゃんに渡してくれる？」とか「先生と一緒に○○したい人！」と呼びかけるお手伝いも喜んでやりたがる。こうしたお手伝いは、保育者と幼児の信頼関係を発展させたり、ともに喜び合うことで保育者との情動的な交流を促す。また、幼児は自信をつけて、園生活を楽しくすることができる。し

かし、それは、保育者とのやりとり遊びの延長上のものであって、そのプロセスにおいて、自分たちが生活をつくっていくという主人公になるまで至っていない。また、計画性に乏しく、偶然に任される活動になってしまいがちである。

　幼稚園や保育所での幼児クラスの当番活動や係活動は、乳児期のお手伝い遊びとは大きく異なる。保育者の指示通りに動くことではなく、自分たちで考えて、自分以外の友だちのことにも目を向け、生活をともにつくっていくために行う活動である。したがって、保育者は、園生活が幼児たち自身の手で営まれていくことを願って当番活動や係活動のことを考える。

　当番活動や係活動の教育的な意義について、石川氏の論文を参考に以下の3つに整理できる[1]。

　1つ目は、仕事に対する姿勢である。具体的には、仕事に対する意欲、誠実さ、真剣さ、仕事をした達成感、喜びを味わうなどである。

　2つ目は、仲間とのかかわりである。具体的には、友だちへの関心を高め、協力し合うことを学んだり、みんなで行う活動なので順番が必要になることを学ぶ。

　3つ目は、自分づくりである。大人からの自立を促し、自分たちでできるという誇りと自信をもつようになる。そして、毎日取り組むことで「自分もしたい」「自分たちもしたい」という意欲を引き起こし、生活における積極性を引き出す。

　実践的には、まず、幼児たちが、当番活動や係活動に取り組むことで、自分のすることが役に立つという喜びや、自信を感じることを大切にしたい。「自分たちでできるんだ」という自信や、仲間に認められた喜びが、園生活において主人公になっていくことにつながる。したがって、△歳になったから当番をさせようとか、保育者のその時の都合によって係をつくろうというわけではない。また、幼児たちにとって、単に順番がくるから、先生が言うから仕方なくやる仕事となってしまってはかえって園生活をつまらないものにしてしまう。

　では、当番活動や係活動を、保育者の押しつけや、やらされる仕事にならないようにどうすればよいのだろう。また、仕事がマンネリ化におちいらないようにするためには、どのような教育的配慮が大切なのだろうか。

2 当番と係の違い

　まず、当番活動と係活動の違いについて考えてみよう。

　今井氏は、当番活動を「全員が順番に交代しながら進める活動」とし、係活動を「希望者だけが交代でやっていく活動」と区別している[2]。

① 当番活動とは

　たとえば、食事のあいさつや人数報告などである。細かく見ると、グループ内

の1人が当番となって自分のグループの友だちのために働く場合や、1つのグループや個人が全体のために働く場合もある。いずれにしても、当番活動では、仕事を仲立ちにして、幼児同士のかかわりをつくり、共同することを学ぶ。また、「してあげる側」になることで、リーダー的自覚を生みだし、クラスのなかで存在感と対等平等の関係が生まれる。

② 係活動とは

　たとえば、飼育動物の世話や部屋の掃除などである。係は、自分の興味や関心から、自分の個性に合った仕事を選んで行うことができる。園によっては、当番活動のみの場合もあれば、当番と係を組み合わせている場合もあるだろう。つまり、食事の配膳の準備は当番活動としてみんなが順番に行い、それ以外の仕事、飼育物の世話やお部屋の掃除は、幼児たちの希望にそって係として同時に進めている場合などである。

　自分たちでやりたい活動、自分たちでできる活動を見つけて進めていくきっかけとしては、係活動から取り組むことも考えられる。動物が好きな子、植物が好きな子など、幼児たちの興味関心に合わせてそのお世話を任せることで、楽しく進めていくことができる。やがて、当番としてグループごとに行っていくことも考えられる。当番活動や係活動が多すぎて負担になったり、活動内容が難しすぎて中途半端になり、達成感が感じられないことが起こらないよう、幼児の気持ちや発達にそった活動内容であることが大切である。

3 マンネリ化にならないために

　当番活動や係活動が始まったころは、「早く順番来ないかなぁ」と心待ちにして、自分がやれる喜びでいっぱいだ。ところが、慣れてくるとつい、いい加減にしてしまったり、グループで行う時には、グループ内できちんとやる子と、やらない子が出てきてしまったり、マンネリ化が起こってくる。そんな時に、「〇〇ちゃん、当番を忘れちゃだめじゃないの」とか「早く当番をしなさい」と指示を与えるのではなく、「〇〇グループさん、もうお仕事すんだ？」など、自分たちで気づくような対応を心掛けたい。また、「カブトムシもおなかがすいているかもしれないね」など、仕事をしないと困る事態を知らせていくことも考えられる。

　そして、保育者が自発的に当番活動をしている幼児たちの姿を認め、仕事の仕方がどのように変わってきたかをクラス全体に知らせていくこともやりがいにつながっていく。その基本は、当番＝魅力ある楽しい活動、友だちの役に立つ喜びを感じる活動として、幼児が意欲をもって取り組むことである。

3 生活活動の指導・援助の視点とポイント

1 話し合い

　当番活動や係活動を進めていくうえでも「クラスのみんなにとって必要な仕事って何だろう」「自分たちでしたいこと、あるいはできることって何だろう」と話し合う場面がある。幼児たちが、園生活の主人公になっていくためには、自分たちで考え、判断し協力するために、話し合いは欠かせないものになる。しかし、実際には、幼児期の子どもたちに話し合いは難しすぎるとか、話があちこちにそれてしまって成立しないとか、させるのが苦手という保育者の声も聞かれる。

　ここでは、ある園での「ミーティング」[*2]を紹介しながら、幼児たちの話し合いの進め方のポイントを4点あげて考えてみたい。

① あくまでミーティングとして進める　－個が育つために－

　クラスの「ミーティング」は、個が育つための話し合いである。だから先生が幼児たちにルールを守らせるためや、ルールづくりをするために行うのではない。一人ひとりが感じたこと、考えたことが尊重されて、ともに育つために、ともに対話し合うためのものである。たとえば、「廊下を走ったらどうなる？」などとはじめから保育者のもっている答えに誘導するのではなく、「どうして子どもって廊下を走るの？どうして走っちゃうの？」と幼児の本音を引き出すのだ。保育者は、「大人はけが人を出したくないんだよね」と、一個人として意見を述べて、幼児の本音との違いを浮かび上がらせてどうしたらいいか相談する。そうすると、「廊下の真ん中に線をひっぱって、歩く人と走る人に分ける」とか、「一方通行にしよう」とか、「小さい子のいる部屋の前では走らないことにしよう」などさまざまなアイディアが出されるといった具合である[3)]。

② 身近なテーマから始める

　話し合う時に大切なのは、テーマを、幼児一人ひとりが「いま、自分のこと」として考えられる身近な問題にするということである[*3]。たとえば、天気や今日の遊び、空想の話から、行事のことや、幼児同士のケンカまでさまざまに考えられる。したがって、保育者は幼児の視線になって幼児が日々、困っていることや幼児同士の関係について理解しておく必要がある。

　話し合いにおいて、まず、全員がわかるように、話し合いの雰囲気をつくり、話題にもっていくための状況の整理をしなければならない。考える土台が共有されたうえで、問いかけていく。問いかける時には、幼児一人ひとりが自分のこと

*2　神奈川県にある「りんごの木子どもクラブ」では、毎日、お昼前にイスを並べて車座になり、「ミーティング」という話し合いの時間がもたれている。ミーティングの実際の様子を収めたDVDもあり、幼児同士も保育者も本音でぶつかり合い、思いもよらない展開になったり、話し合いに飽きてくる雰囲気なども映し出されている。

*3　ミーティングのテーマは、クラスのなかの困った問題を解決する「問題解決タイプ」、身近な出来事を素材におしゃべりする「雑談タイプ」、ある出来事についてどんなふうに思ったか感じたかという思いを伝えあう「伝えあいタイプ」、幼児の本音をあるがまま受けとめたうえで、人として好ましくないことを「メッセージとして伝えるタイプ」に整理される。

に置き換えて考えられるようにすること、いろいろな考え方や思いがあることが出てくるようにしていくことが大切である。

③ 正解に導かない

話し合いが始まれば、幼児の力を信じて、幼児の心に寄り添う。そのためには、保育者は透明になることと、つまり、良い悪いを判断をしたり、正解を押しつけようとしたり、正解へ導こうとしたりしないで、幼児の思いに同感し、受けとめていく。そのうえで、一個人の意見として大人の意見を述べることはあっても、あくまで幼児自身が考えて判断できるようにする。話し合いの終わりは、結論が出ることもあれば、出ないこともある。その場で結論が出なくても、後で一人ひとりが判断して行動できることが大切である。

④ 安心して話せる雰囲気づくりを大切にする

話し合いにおいては、どんどん言葉が出てくる幼児もいれば、じっくり考えてから話し始める子もいる。意見を言わない子もいるだろう。話し合いは、全員が発言することが目的ではない。仲間の意見を聞いて受けとめている姿も認めていく必要がある。間違った意見や的外れな意見が出ても安心して話せる雰囲気、無理やり意見を言わされたりしないで安心して聞いていられる雰囲気づくりも大切である。また、幼児たちは最初から話し合いの意義を理解して臨んでいるわけではない。話し合いをしてよかったと、話し合いの意味が見出せるように、出された意見からどう考え判断し、どう保育に生かしていくかも重要である。

2 グループ活動

(1) グループの意義

なぜ、グループをつくるのだろうか。グループをつくることの意義は、グループが幼児にとって居場所になるということ、友だちを理解し、仲間を意識するきっかけになり、協同的な活動を学ぶ場になることにあるといえる。

20人～30人というクラスの集団は、幼児たちにとってはとても大きい集団である。とくに3歳児にとっては、個人差も大きく、入園したばかりの幼児がいる場合などは、保育者との一対一の関係が求められてくる。とはいえ、保育者は一人である。そんな時に、グループをつくることで、グループの友だちが安心の基地となって作用することがある。たとえば、友だちとかかわることが苦手な幼児がかかわるきっかけになったり、自己主張できる場となったりする。また、仲良しの友だち以外の幼児とかかわることで、かかわりが広がったり、グループでの活動を通して新たな一面を発揮できたりする。

（2）グループづくりの進め方

　では、どのようにグループづくりを進めていけばいいのだろうか。1歳からグループをつくって活動をする実践もあれば、年長児がグループで当番活動をする姿を見て、憧れて始める場合もある。4月から安心の拠点としてグループをつくっている場合もあれば、当番活動などのグループ活動を進めていくうえで必要にせまられてつくられる場合もある。グループはつくらなければならない形式的なものではないので、必要に応じて、必要な時期に、幼児の発達に合わせて考えていく。

　したがって、入園当初は、2人組から始めて、やがて数名のグループをつくっていくという場合もあるだろう。あるいは、幼児たちの状況によっては、相手の思いに気づきやすいようにと2人組で1年を通して活動するということもある。

　幼児同士のかかわり、集団は、生ものである。グループが固定化してほかの幼児たちとのかかわりが少なくなってしまったり、グループ内で自分を出せない幼児がいるような状況では、グループをこわしていくことも必要になる。個の育ちとかかわりの育ちの両面を見て、状況にあわせてメンバーを変えていく。

3 気になる子ども

（1）気になる子どもとは

　3歳以上の保育では、幼稚園においては初めての集団生活であるし、保育所においては、急にクラスの集団が大きくなる。保育者の担当制もなくなる。そうするとどうしても、集団生活になじめない幼児が「気になる子ども」として目立ってくるようになる。

　藤崎氏は、「気になる子」という表現には、子どもへの一方的な注目ではなく〈気にする〉保育者側への注目も含まれていると言う。したがって、気になる子どもは、「保育の中で、あらためて子ども像を整理してみたいと保育者が考えるすべての子ども」であって、障害児も発達障害児も特別なニーズをもつ子どもも、定型発達をしている子どもも含まれてくる。

　そして、こうした「気になる子どもの保育の取り組みを行うことが、保育者を成長させる」と言う。それは、「気になる子ども」の保育を取り組むことで、保育者に自らの保育実践の振り返りを促すからである[4]。では、どのように「気になる子ども」の保育に取り組んでいけばよいのだろうか。

　まず、「気になる」子どもをどうとらえるかという問題である。

　私たちは、目の前の問題行動をなくそうと禁止や指示の言葉が多くなったり、なぜ、気になる行動をするのかと理由探しばかりしてしまう傾向がある。そうではなくて、まずは、どのような場面でどのような行動が気になるのか、自分の保育そのものを整理することが重要である。

(2) 気になる子どもと集団活動

　保育所や幼稚園は、訓練の場ではなく、生活の場であるから、何より楽しく生活できるようにしていく。そのために、保育者は、「気になる子ども」が、好きなことは何なのか、できることは何で、そのできることをどう生活のなかで発揮していくのかということを探っていく。また、周囲の幼児にとって、「気になる子ども」がどのような仲間としてとらえられているのか、についても考えていく必要がある。

　そして、その幼児が、自信をもって集団で行動できるようにしていく。幼児たちは、「入れて」と言われても、一緒に活動して楽しくない仲間や、活動がうまくいかない仲間とは自然に離れて行ってしまう。「気になる子ども」が、実際に集団のなかで活動ができるように、保育者は目立たないように支援し、幼児自身が自分で判断して正しく行動ができるように導くことが必要である。たとえば、遊びに寄り添ってイメージが共有できるようにしたり、ルールをわかりやすく説明したり、あるいは、いきなり集団のなかに入れるのではなく、保育者と遊ぶなかでほかの子どもを巻き込んでいくなど、仲介役となったりして仲間とのコミュニケーションの取り方を丁寧に伝えていく。

(3) 気になる子どもとグループづくり

　また、仲間の存在が支えになることもある。グループ編成をする時には、しっかりとした子と同じグループにすることで、その子をモデルとして学び、生活習慣や集団での活動ができるようになったりする。しかし一方で、こうしたしっかりした幼児と同じグループになることで、いくらやってもできない自分に自信をなくすこともある。そうした場合は、ゆっくりしたペースの子と同じグループになるようグループを変えていくことも必要だろう。

　一見、勝手な行動や乱暴な行動であっても、保育者がそうした行動の背景にある、友だちとかかわりたいという本音（要求）に気づき、それをクラスの仲間に知らせていくことで認め合う仲間関係がつくり出されていく。

4 実践事例から学ぶ

　ここでは、仲間づくりを大切にしている5歳児クラス（すみれ組）の実践を紹介したい。この実践記録から、特に集団的な生活活動を支える仲間づくりがどのように行われているのか読み取ってほしい。

1 自立と依存

> **事例1−①　進級式後（4月13日）**
> 　進級式、入園式も無事に終えることができた。保護者に「子どものすてきなところをたくさん見つけて、ほめて伸ばしていけるようにがんばります」とあいさつ。幼児たちには、「<u>自分でできることを増やして自分で考えてしっかり遊ぼう</u>」と話をする。保護者も幼児も担任の話が始まると静かに聞いている。とくに、幼児たちは話をしている人のほうを向いて話を聞くことを知っており、身についてきている。
> 　幼児たちの様子を見て気になったことは、保育者への個人的な言いつけが多いということだ。保育者に聞いてもらうことでの安心感と、自分が伝えきれないことを保育者に伝えてもらいたいという気持ちもあるようである。「<u>わかった。痛かったんだね。いやだったんだね</u>」と受け入れたり、「<u>友だちに『やめて』って言えた？</u>」と確認する言葉をかけたりしている。

　幼児たちの進級した喜びと、年長児として園生活の主人公になっていくことを応援する保育者の様子が描かれている。しかし一方で、保育者は、幼児の気持ちを受けとめたり、幼児同士の関係を仲立ちしたりしている様子がわかる。自分でする、自分で考えることができるようになるためには、自らやろうとする気持ちを大切にしてくれる保育者、失敗を温かく見守ってくれる保育者の存在が必要なのだ。つまり、依存や甘えから自立へ向かうのではなく、自立と依存を往ったり復ったりしながら依存を土台として少しずつ自立した活動ができるようになっていく姿が読み取れるだろう。

2 幼児理解の場としてのグループ

> **事例1−②　2人組（4月18日）**
> 　かかわりの仕方を知るために、<u>2人組になることから始めよう</u>。友だちと一緒に考えたり、何かをしたりといった友だちと交わる経験や、友だちの必要性を感じて行動したり遊んだりしている幼児が少ないように感じる。そこでチームづくりの前に2人組になって話をしたり、動いたり考えたりすることから始めていこうと思う。<u>2人組になる時の様子をよく見ておき、気になっている幼児たちがどう動くか、どう反応するかを見たい。</u>

このクラスでは、幼児同士が仲間を意識し、保育者がそのかかわり方を理解するために2人組をつくることから始めている。また2人組やチームをつくることが、保育者にとっては、幼児の性格や特徴を理解できる機会であり、仲間との関係をつくっていく場でもあるといえる。

3 安心の基地としてのグループ

> **事例1-③　気になる子どもとグループづくり**
>
> ◆気になる子ども
>
> Ⓐちゃん…一人遊びが多く、自分から友だちの輪のなかに行こうとしない。問いかけに対しての反応がゆっくりである。表情を顔に表すことが少ない。
>
> Ⓑちゃん…友だちと遊んでいる。わずかではあるが自分の気持ちを言葉ではなく、表情や身振りで表そうとしている。
> 母親が園での様子を心配して担任に声をかけに来た。本人も母親も担任に好意をもっているようである。
>
> Cちゃん…行動がゆっくりである。話を聞いてはいるが、内容を理解していない時もある。描画が頭足人物画*4であり、幼いようだ。自分の判断ではなく、友だちを見て動いていることもある。
>
> Ⓓちゃん…マイペース。行動にまだめあてがもてない。周りを見て動いている。話の一部分を聞いて動く。絵本が好き。絵本の貸出日には、本を読んでいて、なかなか保育室に戻ってこない。
>
> ⒺちゃんとⒻちゃん…友だちと一緒でないと不安な男児。常に2人で行動。
>
> ⒼちゃんとⒽちゃん…常に2人でいるがトラブルになりやすい。
>
> Iちゃん・Jちゃん・KちゃんとLちゃん…女児同士の関係が複雑。
>
> Mちゃん…マイペース。自分の話を保育者に聞いてほしい。
>
> Nちゃん…自己主張しながら涙ぐむことが多い。自分に対する周りの幼児たちの気持ちをどう思っているのだろうか…。
>
> Oちゃん…一番しっかりしているようだ。ほかの友だちを支配したがる？
>
> Pちゃん・Qちゃん…集団行動を嫌がらずにしているが、話を理解して動くことはまだ時間がかかる。
>
> Ⓡちゃん・Ⓢちゃん・Ⓣちゃん・Ⓤちゃん…温和な男児。
>
> (〇で囲まれているのは男児を表している)
>
> そこで次のような6チームをつくった。

*4 頭足人物画とはおおむね3歳からみられる描画で、人間の姿を描く時、頭の下にすぐ両足を描く。(上の図は一例)

	たいちょう	はんちょう	きゃぷてん	りーだー	だいひょう
1チーム	Ⓡ	Ⓓ	I	C	
2チーム	Ⓔ	Ⓤ	J	N	
3チーム	Ⓕ	Ⓖ	K	X	Y
4チーム	Ⓢ	P	O	V	Q
5チーム	Ⓣ	Ⓐ	L	M	
6チーム	Ⓗ	Ⓦ	Z	B	

気になる子どもたちについての記述と、チームの構成表をあわせて見てみよう。年度の始めということもあり、グループは、異なるタイプの幼児たちで構成し、グループ同士の力が均質になるように保育者が意図的につくっていることがわかる。幼児たちが、グループでの活動を十分にこなして、達成感をもち、グループを安心の基地とできるように配慮されていることがわかる。

4 リーダー

このクラスには、各グループのリーダーが固定化されていない。表からもわかるように、「隊長、班長、キャプテン、リーダー、代表」と一人ひとりがそのグループのリーダーである。リーダーを置くことは、リーダーという役割を通して自分を見つめ、自己課題に向けて努力する力を幼児に引き起こさせることができる。しかし、リーダーとそれ以外のフォロアーの幼児たちとの関係が固定化してしまうと、周りの幼児たちは、リーダーの指示にしたがって動く存在となり、ただ従属しているだけの関係になってしまいがちである。実践的には、どの幼児もリーダーシップをとる経験がもてるようにリーダー交代制が行われたりするが、このクラスでは、みんながリーダーという形での交代制であり、興味深い実践である。

5 グループ替え

> **事例1-④　チーム替え**
> 　Ⓢちゃんが、グループのなかで男児が自分一人は嫌だという申し出により、チームを変更し、5チームにする。
>
> | | たいちょう | はんちょう | きゃぷてん | りーだー | だいひょう | りーだー2 |
> |---|---|---|---|---|---|---|
> | 1チーム | Ⓡ | Ⓓ | I | C | Ⓐ | |
> | 2チーム | Ⓔ | Ⓤ | J | N | Ⓜ | |
> | 3チーム | Ⓕ | Ⓖ | K | X | Y | |
> | 4チーム | Ⓢ | P | O | V | Q | Ⓣ |
> | 5チーム | Ⓗ | Ⓦ | Z | B | L | |
>
> （塗りつぶされたところは、移動があった部分を示している）
>
> Nちゃん：Kちゃん：Zちゃん、Ⓗちゃん：Ⓦちゃん、Ⓗちゃん：Ⓖちゃん
> 　…これらの組み合わせは、相性を考慮すると同じチームや近くに座らないほうがいいかもしれない。
> Pちゃん・Qちゃん…朝の用意など配慮を要する。
> Yちゃん・Ⓢちゃん…不安定な時があるので、個人的にかかわる必要がある。
>
> 　5月28日。チーム替えをする。いまのままでは小競り合いが多すぎて安定した生活ができにくいと考えたから。

　グループでの活動を通して、幼児たち一人ひとりのことがわかってくるようになると、年度の最初に感じていた「話を聞くことができる」というクラス集団の姿も、実は、話をきちんと理解することはできていないことに気がついてくる。また、最初は見えていなかった幼児の特性や、幼児同士の関係の問題点も明らかになってきて、チーム変更をしていく。グループは一度決まったら、必ず一定期間過ごさなければならないわけでもないし、そもそもつくらなければならないというものでもない。

　このクラスでは、Ⓢちゃんの「グループで男の子一人は嫌だ」という申し出を受けてグループを変更している。新年度が始まったばかりの時期であることから、どの幼児にも楽しくクラスでの生活に慣れてほしいという保育者の願いのもとに、幼児たちの要求を受け入れている。

　保育者は、常に、どのような幼児たちに育ってほしいかという意図や願い、ねらいをもって働きかけ、幼児一人ひとりの育ちと集団の育ちに目を向けて振り返り、その取り組みを修正していくのである。

★事例から考える学習のポイント
・幼児一人ひとりが園生活の主人公になる基盤には？保育者の役割とは？

　筆者が、このクラスを訪れた時に、何より驚いたのは居心地のよさだった。何を言っても大丈夫、どんな自分でも大丈夫といった雰囲気があるのだった。
　たとえば、幼児たち同士が遊んでいても、突然「イヤ！」と部屋を飛び出していく幼児の姿もある。しかし、自然に友だちが「どうしたの？」と寄り添っている。また、保育者のお話を聞く場面でも、保育者が上から指示したり注意するような姿はみられない。幼児たちをリーダーとして接し、幼児自身に考えさせ、意見を言わせているからだろう。たとえ、さわぎだす子がいてもグループの仲間がすかさず「シー」と合図しあっている。
　幼児たち一人ひとりが園生活の主人公になる基盤には何があるだろうか。保育者はどのような役割を果たしているだろうか。この事例から考えてみよう。

6 深い関係の仲間づくり

　この事例の担任保育者は、「生活する力を身につけるためには、一人ひとりの考える力が必要だ」とおっしゃっている。そして、幼児たちが一人ひとりが「考える力」を身につけるためには、保育者は幼児に丁寧にかかわっていかなければならない。保育者は、どのように言えば幼児たちが理解できるか、幼児たちが楽しめるかをいつもイメージして実践に向かっているという。
　幼児教育において、集団のことを表す言葉に「トーフ集団」と「ナットウ集団」がある。「トーフ集団」は一粒一粒の豆はすべてすりつぶされて個をとどめていない。「ナットウ集団」は一粒一粒の豆は生きており、そして次第に糸をひきあう関係が形成されていく。幼児たちが生活の主人公になり、生活を通して学び、より充実した生活へ発展させていくために、こうした糸をひきあう深い関係の仲間の存在が欠かせないのだ。
　事例のクラスの幼児たちは一人ひとりが生き生きとしている。形だけまとまっているすりつぶされた「トーフ集団」ではない。時にはぶつかり合いながらも、自分で考えて、仲間とかかわっていく姿は、「ナットウ集団」そのものに思える。その背景には、保育者が日常的に深く幼児を理解し、じっくりかかわっている日々の実践があるのだ。

【引用文献】
1) 石川幸枝「『仕事』や『当番活動』について」全国保育問題研究協議会編『人と生きる力を育てる』新読書社　2006年　p.204
2) 今井和子「係活動と当番」森上史朗・今井和子編著『集団ってなんだろう』ミネルヴァ書房　1992年　pp.119-126
3) 柴田愛子・青山誠著『こどもたちのミーティング』りんごの木　2011年　pp.124-126
4) 藤崎春代・木原久美子著『「気になる」子どもの保育』ミネルヴァ書房　2010年　pp.ⅰ-ⅲ

【参考文献】
藤崎春代・木原久美子著『「気になる」子どもの保育』ミネルヴァ書房　2010年
長谷川義史作・絵『ようちえんいやや』童心社　2012年
森上史朗・今井和子編著『集団ってなんだろう』ミネルヴァ書房　1992年
柴田愛子・青山誠著『こどもたちのミーティング』りんごの木　2011年
『新幼児と保育・春の増刊号』第2巻第2号　小学館　2012年（DVD付録として「輪になって！～りんごの木のミーティング～」が収められている）
青山誠作・くせさなえ絵『あかいぼーるさがしています』小学館　2012年
柴田愛子作・伊藤秀男絵『ぜっこう』ポプラ社　2002年

第3章 課題活動の指導方法・援助

園において保育者が設定した環境に、幼児は遊びという主体的な活動をすることにより、環境に働きかけて発達をしていきます。保育者はさまざまな教育目的・目標をもって、それに応じた幼児に経験してほしい活動を用意します。

本章ではそのなかでも、保育者がクラスの幼児全員に直接的、具体的にかかわってほしい活動を設定する「課題活動」を中心にその指導方法と援助について学びます。

園では一人ひとりの「自由な遊び」だけではなく、クラス全体でともに、絵を描いたり、歌を歌ったり、絵本を読んだり、ゲームやスポーツをしたり、運動会や発表会の準備をしたりなど、課題活動が行われています。これらの活動では、自発的な活動からだけでは触れることのできない文化や科学、自然にすべての幼児を触れさせることや、共同・協同の活動を経験することができます。

1 園での課題活動とは

|1| 幼稚園・保育所と課題活動

(1) 保育者の課題 －教育目的・目標、教育内容、教育方法と保育者の願い－

　幼児教育の場では一見すると子どもが遊んでばかりいるようにみえるかもしれないが、教育基本法、学校教育法などの法令、そして『幼稚園教育要領』に示されているような教育の目的・目標や内容がある。

　『幼稚園教育要領』によると、幼稚園での教育は、「生涯にわたる人格形成の基礎を培う重要なもの」(第1章)であり、幼稚園終了までに育つことが期待されるのは「生きる力の基礎となる心情、意欲、態度などであり」(第2章)、内容としての5つの領域「健康」、「人間関係」、「環境」、「言葉」、「表現」では各々にかかわる基礎的な「力を養う」ことなどがめざされている。小学校以上の学校では、児童生徒は「知識・技能」を「習得」・「活用」・「探究」をしつつ「能力を身につける」ことなどがめざされるが、それらの基礎にあたる幼児期に身につけるべき「力を養う」という重要な役割であることを、保育者は十分に理解しておかなくてはならない。保育所においても同様である。

　こうした「教育目的・目標」である、育ってほしい姿を一人ひとりの幼児に保障すべく、教育活動が組織的、体系的に行われるように、園では「教育課程」を編成する。「教育内容」を、幼児に行ってほしい活動、伝えたい文化やかかわってほしいものやそれにかかわる活動を中心に構成し、個々の幼児や幼児集団の状況や園の実態に応じつつ、「教育方法」を探究していくことが求められる。「教育方法」を探究する際に重要なことは、保育者から幼児・幼児集団へと一方向的に与えたりさせたりするのではなく、幼児・幼児集団が発達主体として立ち上がることをめざしての働きかけとしての教育活動をとらえることである。教育活動の成立は、教育を行う主体である保育者と、発達主体となった幼児・幼児集団との相互作用性のなかでこそ生じうるからである。

　さらにいえば、幼稚園は、保育者が、教育的価値あるもの・ことを幼児・幼児集団とともに共有しうる関係を構築する場である。保育者と幼児・幼児集団とと

もに創造的する活動として教育活動をとらえるのである。幼児は、今の時代・社会を、幼児として発達しつつある存在である。それゆえに、保育者が今の大人としての視点のみで、自分の考える幼児らしさや教育的価値にとらわれていては教育活動をすることができない。幼児や幼児集団について、社会的・文化的環境や時代的背景も含めて、理解をしていくこと、何をこそ伝え、どのように育てることが必要かについて、絶えず探究し続けることで、保育者としての専門性や力量が身についていくのである。

（2）発達における課題と課題活動

幼児にとっては、幼稚園で生活することすべてが課題である。保護者と離れて、慣れた家庭から一定時間離れ、新しい場所である園で生活をする。そこには保育者、同年齢や年齢の近い幼児たちがおり、新しい存在に出会う。こうした新しい環境との関係づくりや、保育者が提供する遊びでさえも、幼児には課題であろう。そうした課題は、これから人間として広く社会に出て生きていくための基礎となるべきものであり、幼児自身からまさに芽として出つつある人間性をさらに引き出すべきものである。すなわち、園には広く社会で生きていくための課題と、個々の幼児が自分らしく生きることの喜びを感じることができる課題とが、相互関係的に幼児の目の前にあるのである。それらは、文化や科学などの教育的価値に触れる活動のなかで、身につけていくものである。そして、これらの課題は、まさに発達における課題なのである。

しかし、それは、幼児に直接的に課題として提示されるものではない。こうした課題の解決に向けて、幼児がわかりやすいかたちにし、取り組みやすい活動にしたものが、園での課題活動である。

このような幼児期にこそ、取り組むべき発達における重要な課題があることを理解し、その課題を直接的に幼児に示すのではなく、幼児が個々あるいは集団で取り組みやすい課題活動として設定することが求められる。

（3）ねらいを達成する課題活動 －身体が動く、心が動く、頭が動く活動－

最初に述べたように、幼稚園や保育所において、保育者は、教育基本法や学校教育法などの法令や『幼稚園教育要領』・『保育所保育指針』そして園独自の目標をもとに、各園で、一人ひとりの幼児に育ってほしい願いや要求をもち、そのためにも幼児が安心して園生活を過ごすように配慮し、教育活動を行い、幼児の発達を保障する役割がある。一人ひとりの幼児が興味・関心をもつことだけ、好きなことをするだけでは、それは達成できない。

幼児にとっての課題となる活動を設定することも必要である。しかし、保育者が一方的に課題を設定し、習得をめざすのみでも、達成できない。大切なことは、

幼児自身が自分自身の心で感じたり、体を用いてかかわったり、表現したり、頭を使って考えたりといった「自己活動」をすることなのである。自己活動は、「わたし・ぼくが感じる」「わたし・ぼくが動かす」「わたし・ぼくが考える」というように、動詞の主語が私である能動的な行動のことであり、「先生が楽しいと言ったから、そう思う」「先生がこのように動くように言ったから、そうしている」などのような受け身、受動的な行動のことではない。その意味で「遊び」という活動は、人間の主体的な活動の1つであり、幼児においては重要な「自己活動」である。幼児期に、「遊びという自己活動」を体験することは、その後の人生における学習や仕事を「自己活動」として行うことにつながる。課題活動をするということは、生活にかかわる活動や遊びを「自己活動」として行い、「学びという自己活動」に結びつけながら取り組むことであり、このような活動は乳児と児童をつなぐ幼児期の活動であるといえよう。

「明るく・楽しく・のびのびできる活動」としての体験とともに、負の感情を乗り越えつつ多様で複雑な「明るく・楽しく・のびのびできる活動」の体験を、課題活動として設定することが求められる。その際、個や集団の発達に応じて、共同・協同活動を課題活動として設定することも求められる。

|2| 課題活動の実際

（1）園の一日と幼児の活動

園の一日をおおまかに記すと、以下のようなものである（図3－1）。

| ❶登園
・あいさつ
・一日の準備
・役割活動 | ❷自由遊び | ❸片づけ | ❹クラスでの
遊び・活動 | ❺昼食
・あいさつ
・役割活動
・食事 | ❻自由遊び | ❼降園
・帰りの準備
・あいさつ |

図3－1　園の一日

❶❸❺❼の時間は、あいさつ、タオルかけや着替えなどの一日の準備、事務室への欠席者の報告などの役割活動、片づけ、排泄、食事、帰りの準備といった主として生活に関する課題を行う時間である。実際にその活動をすることを通して、生活に関することを身につける（詳細は2章で学ぶ）。

❷❹❻の時間は、自由遊びやクラスでの遊びの時間であり、遊びという自己活動を経験する時間であり、その遊びを通して環境に働きかける時間でもある。この遊びは、保育者が設定する環境から個々の幼児が自分から対象や活動を選んで行う❷❻の「自由遊び」と、保育者が発達要求として対象や活動を設定しクラスで同じ対象・同じ活動をする❹の「クラスでの遊び」の大きく2つに分けられる。

「自由遊び」では、保育者が構成した環境から幼児が選んで遊ぶという間接的

指導や援助が主であり、状況に応じて個別的な指導が必要となる（詳細は1章で学ぶ）。❹の「クラスでの遊び」の時間は、かかわってほしい内容やしてほしい活動を、保育者が直接的に幼児全員に提示する時間である。幼児にとっては遊びという形をとって展開されているが学びに近い活動をするこの時間は、ほかの時間との相互関係性のなかで成り立つ。

（2）課題活動とは

　幼児からみれば、一日の活動は以上のように相互につながっているが、保育者の立場からは、各々の時間にふさわしい教育目標・内容を意図し、教育課程を実際の教育活動にして、全体的、総合的に幼児期の教育が行われるようにする。これらの時間に主となる教育の活動は、❶❸❺❼の時間に行う「生活に関する活動」と❷❹❻「文化や自然との出会いに関する活動」、「自己活動としての遊び活動」を行うことである。宍戸健夫氏は、これらを、「生活指導」「課業活動」「あそび活動」と表現し、課業活動に関して、「課題活動、領域別活動、教科活動などの呼称がある」と述べている[1]。現在の社会において、2～3歳から入園する幼児が増加したことや、家庭教育の姿が変容し食事や排泄などの生活に関する課題が幼稚園に任されるようになってきたこと、さらに、遊びは、自己活動において学びに結びつくことをふまえ、本章では、園における教育目的・目標をめざす幼児の活動のすべてを「広義の課題活動」とし、いわゆる課業活動と呼ばれてきた、クラスで取り組む活動を「狭義の課題活動」としてとらえ、次節では、それらの意義を考察する。

2　課題活動の意義について

1　広義の課題活動と狭義の課題活動

（1）広義の課題活動というとらえ方の意義

　課題活動は、広くいえば園での幼児の活動のすべてである。以上述べてきた幼児の活動を、課題としてとらえると、教育内容として「生活に関する課題」と「文化や自然との出会いに関する課題」との大きく2つに分けることができる。さらに、「遊び活動」を自己活動として体験することも課題であるが、これは、いかにして真の自己活動を引き起こすのかという保育者の教育方法の課題でもある。

　狭義の課題活動は、クラスでの活動の内容である、主として「文化や自然との出会いに関する課題」である。この狭義の課題活動は、ほかの活動との相互関係性を考慮することにより、大きな意義をもつ。たとえば、食事や排泄や清潔など

に関する絵本や、あいさつやカレーライスづくりの手遊び、人間関係や社会のルールを理解するためのゲームなどがあげられる。幼児期の文化財には、生活に関する内容のものが多いし、そもそも、生活と文化や自然は結びついているものである。

とはいえ、「生活に関する課題」は、実際に生活に関する活動をすることによって身につける。同様に、「文化や自然との出会いに関する課題」も、まさに文化財や自然そのものとかかわることによって、文化や科学の基礎を学んでいく。

各々の課題の相対的独自性を理解して、さらに重なる活動や教材を理解することで、幼児への教育活動を総合的・体系的に行うことができる。すなわち、幼児を静かにさせるための絵本の読み聞かせや手遊びも必要かもしれないが、文化財としての絵本や手遊びそのものを楽しみ、深め、味わうことも大切なのである。

「生活に関する課題活動」は生活する場面で行われ、「文化や自然との出会いに関する課題活動」を文化財や自然に直接かかわることで行われる、両者が結びつくことが必要な場合は、その必然性をふまえ行う。そして「自由遊び」を中心にしつつ、各々の活動で、幼児が自己活動・主体的な活動を経験するように働きかけていくことが、保育者の課題である。遊びにおける主体性、生活における主体性、クラスでの活動における主体性が、どの課題活動においても大切にされなくてはならない。

このように、広義の課題活動の内容や相互関係性を理解することで、次に述べる狭義の課題活動がより大きな意義をもつことになる。

（２）狭義の課題活動の位置づけ

「主として文化や自然との出会いに関する課題」を「クラスでの遊び」の時間に、全員がそろって行う場合、次のような特徴をもつ。まず、自由遊びとは異なり、幼児は保育者が設定する共通の課題を意識することとなる。たとえば、幼児は保育者から歌うことや手遊びをすることが要求され、みんなと一緒に歌ったり手遊びをしようとする。保育者がクラスで絵本を読む場合は、静かに最後まで聞こうとする。それらは、幼児にとって課題として認識されるものである。また、こうした活動は、クラスで同じ活動をし、協力しなければ成り立たず、共同・協同が要求される。幼児自身が何をすべきかを意識し、共同・協同が要求される「文化や自然との出会いに関する課題」は、まさに課題が直接的に見える課題活動である。

この狭義の課題活動はほかの活動と密接な関係をもっている。まず、先に説明したように、生活に関する課題活動での内容を、クラス全員に向けて集中的に伝える場合に、この時間が用いられる。たとえば、生活絵本には、食（食事をつくる、食材について知る、好き嫌いをなくすなど）、排泄、清潔（歯磨き、手や顔を洗う、風呂に関すること）、あいさつ（あいさつの言葉、あいさつでつながる人間関係、

時と場合に応じた言葉）など、生活場面に関するものが多く、クラス全員で共有することで、生活習慣の基本や作法、共同生活のリズムなどを知ることができる。

　こうしてクラスで読んだ絵本を、個人が自由な遊びの時間に手に取ることもある。その際、字を読むことのできない幼児も、保育者が読んだ言葉を覚え模倣して読もうとする姿もある。このように、狭義の課題活動は、環境を設定し間接的に教育活動を行う「自由遊び」のきっかけづくりや、環境とのよりよいかかわり方の提示を行うことができる。また、「自由遊び」で個々が興味・関心ある活動や環境物とのかかわりを、集団に拡げていく機会をもつことができる。さらに、個々の自由な遊びとしての自己活動の経験が、クラスの活動を自己活動にする可能性ももつ。

　そしてまさに、生活に直接的には関係しない文化・科学・自然の内容のみにかかわる場合もある。たとえば、絵本の世界に入り、絵や言葉そして展開を味わったり、花から色水をつくったり、絵を切って貼ったりしてできる作品を味わうことでクラス全体での価値の共有を図ることもできるので、クラスづくり・集団生活づくりにつながっていく。

　広義と狭義の課題活動は、以下のように、相互関係性をもつ（図3－2）。以上のことをふまえて、次項では、狭義の課題活動について考察していく。

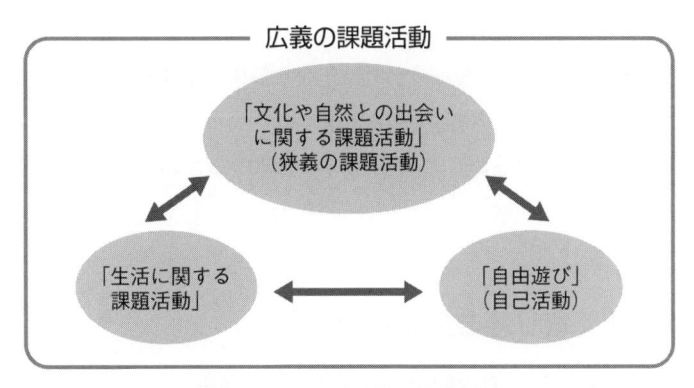

図3－2　課題活動の位置づけ

2 狭義の課題活動の意義

(1)「文化や自然との出会いに関する課題」とは

　園には、さまざまな空間やものがあり、命のある動植物など自然がある。保育室や遊戯室、園庭であり、絵本や積み木やままごとの道具やパズルなどの遊具、絵を描く道具、音を奏でる楽器などである。それらに自分がかかわると、そのものに合わせて身体が動いたり、心が動いたり、遊びが生まれたり、形が生まれて絵ができたり、音が生まれ音楽になったりする。それを、ほかの幼児や幼児集団

で共有し、新たな文化を創造することもできる。また、個々の幼児が自分のかかわり方をしてみると、クラスには異なるかかわり方・よりよいかかわり方をしているほかの幼児がいることがわかる。その姿から、新たなかかわり方を自分のめざすものとして見つけ、互いに学び合う機会も生まれる。

このように多様なかかわりを通して、幼児は文化や芸術、科学や自然と出会う。ほかの幼児や幼児集団とともに出会う。園の目に見える具体的な環境は、目に見えない教育目標・教育内容を具現化したものであるが、保育者は、幼児に、何と出会わせることが必要で、どのような出会わせ方がよいのか、よりよい出会いを意図して、具体的な環境設定をしていかなければならない。

（2）文化や自然との出会いに関する課題活動 －狭義の課題活動の意義－

以上のことからまとめれば、狭義の課題活動「文化や自然との出会いに関する課題活動」の意義は、次の5点である。

①文化・科学・自然などの人類の文化的遺産に出会うことができること（そのため、季節の行事や園の行事に結びついていることが多い）。
②文化財などの提示・出会わせ方は、通常、保育者が何らかのねらいをもったものであること。
③自己活動（心が動く、体が動く、頭が動く活動）を引き起こすきっかけや動機であること。
④クラスで行う共同、協同といった集団活動であり、望ましい集団活動を組織することで、個の発達が引き起こされること。
⑤他の活動（生活、自由遊び）との相互関係的につながることで、活動が広がること。

3 クラスで取り組む課題活動の内容

（1）教育内容の具体的・直接的提示としての課題活動

クラスで共通に取り組む課題は、幼児の誰にでも、かかわったり体験したり身につけてほしい保育者の願いが具体的になったものである。幼児教育のなかで当たり前のように行われている活動の意義を5領域や文化・科学の視点のなかで考えてみよう。

・歌、合奏、リズム活動は音楽そのものに触れ楽しむ音楽表現活動。
・素材から新しいものを生み出す、ものとものを結びつけて新しいものをつくる絵画や製作、造形といった芸術・工芸の活動。
・自分の身体を動かすことを通して、新たな自分の身体を知り、つくる運動的（スポーツ）活動。

・生き物、砂・土、水などの自然物にかかわり、生き物や砂と土の性質の違いなどを体験的に学ぶ、自然科学的活動。

　まさに、文化や自然そのもの（事物）に直接にかかわり、その本質に触れていくのが幼児教育の特徴である。それを、幼児が遊びとして取り組みやすい活動、楽しいという感情を中心に緊張感と達成感の両方が味わえる活動として、設定していくのである。

（2）教育内容にかかわる道具の用い方

　幼稚園や保育所で、自由遊びの時間に、幼児が次のようなことをしている姿を見たことがある。

> **事例1　さまざまなもので音を出す**
> 　ある幼児が、太鼓を専用のばち（木でできた棒）だけでは飽き足らず、さまざまなものを用いてたたいていた。太鼓に対して音の出方を試すさまざまなものとは……遊具のトンカチやトライアングルをたたく金属や鉛筆などであった。最後にはさみも登場し、ここで保育者が活動をとめた。

　音楽としてというより、音に関して物理的な実験をしているともいえる。また、ある幼児は、ばちでとにかく強くたたき、次には太鼓で机を強くたたきつけるというように、自己発散の道具にしていた。両者に共通なのは、自由遊びの環境物として置いてあるだけで、適切な用い方を知らないことである。これを機会に保育者はさまざまな道具を道具としての用い方を提示する機会や扱う機会、技術を高める機会が、どの幼児にも共通に必要であると考える。そのことにより、自由遊びの時間に、道具が求める用い方―使用者に安全で、道具が壊れない、その道具の使命を果たす、適切な結果を導く用い方―を、クラスで共有するために、教育内容とかかわらせつつ、道具の用い方を知る機会を設定する。

　はさみという紙を切り分ける道具の安全な用い方や技術の習得。絵を描く道具としてのクレヨンや絵の具の用い方と、自分の表現との関係。このように、幼児が「道具が求める使い方」を身につける機会や時間を教育的な意図をもって設定することも、人間が創造してきた文化を受けとめる上で大切なことである。

（3）行事とかかわる課題活動 （詳細は4章で学ぶ）

　園にはさまざまな行事がある。節分や雛祭りなどの季節に関する行事や運動会や発表会などの幼稚園の行事があるが、それも幼児にかかわったり体験したりしてほしいと保育者が願う文化や健康や集団活動に関する内容である。

　こうした行事を、発達段階に応じて、何らかのねらいをもって体験させる。たとえば、雛人形、鬼のお面、鯉のぼりの製作をしたり、体験したことを絵で表し

たりして間接的にかかわったり、その行事にかかわるクラスで共同活動や協同活動[*1]を行う。また、運動会や発表会のような園の行事とクラス全体で取り組む活動が密接に結びつき、クラスで準備・練習をするが、そこでは共同活動や協同活動が中心となる。

（4）そのほかの課題活動

　園の特徴や実態に応じて行われる課題活動もある。自然とかかわる教育、宗教にかかわる教育、園の伝統を取り入れた教育などである。

　各クラスでは、園全体で共通の内容とともに、クラスの幼児たちに共通の課題を取り上げて活動を行うこともある。以上の課題活動を、個々の幼児の課題や、このクラスの課題として、幼児が取り組むべきものとして主体的にかかわることができる課題を設定することが、園で求められる。

　内容としては以下のものがあるが、これらは互いに絡み合って1つの課題活動をつくっている。

　①文化や自然などの内容に、具体的にかかわる課題活動
　②文化財としての道具にかかわる力を身につける課題活動
　③行事にかかわる課題活動
　④園独自の教育理念にかかわる内容を行う課題活動
　⑤個々の幼児の課題をクラス全体の課題として行う課題活動

3 さまざまな課題活動の指導・援助の視点とポイント

|1| 課題活動における指導のポイント

（1）自己活動 －遊びという活動－ として設定し、さらに見通しをもった自己活動へと導く指導

　課題活動の内容に応じてさまざまな指導・援助の方法が考えられるが、どの場合にも大切なことは、幼児の自己活動となるようにすることである。

　幼児が興味や関心をもち、おもしろそう、やってみたいという意欲をもつような活動を設定し、自らかかわりたいもの、追究したいものにして、自己活動を引き起こし、活動の過程を十分に楽しめるようにすることが必要である。

　そのためには、まず、実際の幼児の「過去からいま」の姿―心や思いや考えの傾向、身体能力や幼児間の関係性―を理解するとともに、未来に向けて刻々と発達する存在としてとらえるまなざしが保育者には求められる。そのために、たとえば、自由遊びの時間に、個々の幼児が何でどのように遊んでいたか、グループ

[*1] 共同は「共」の漢字でわかるように「ともに。一緒に」（『漢語林』大修館書店）という意味合いが強く、同じ条件で、共に同じことを、一緒にするという意味ととらえることができる。協同は「ともに心と力をあわせ、助けあって仕事をすること」（『広辞苑 第六版』岩波書店）であり、「協」の漢字でわかるように、「力を一つにあわせる」（『漢語林』大修館書店）という意味合いが強い。

で遊んでいた場合はどのような構成で何をどのようにして遊んでいたか、これからどのようなグループでどのような遊びをしたいと思っているのか、などを時間の流れのなかでの理解を図ることが大切である。このようにして、幼児の現在の姿をとらえ、現在の姿と求めるかかわり方の間を知り、幼児が取り組んでみたらできたという達成感をもてるような「一歩上位の課題設定」をすることで、幼児のやる気と自己肯定感を育てていくのである。その際、幼児が見通しをもち、一歩上位の自分になりたい気持ちをもつように育てていくことが重要だ。

　1つの課題を設定する場合、保育者はまず、何回の活動で達成が可能かを構想してみる。さらに、活動内容や時間を具体的に分析し、設定して行う課題活動を小さな課題にさらに分割し、短い時間で小さな達成に至るように工夫する。1回で取り組む活動の時間は、小学校での45分の単位時間以上になることはないであろう。幼児にふさわしい活動内容と時間を設定し、実際の活動時には、一人ひとりに応じた働きかけが必要である。また、次にあげるような、集団の教育力により個の活動を引き起こすこともある。

（2）クラスでの共同活動・協同活動としての設定

　園で幼児は、所属するクラスのみんなとかかわりつつ、1人で遊ぶよりも楽しい経験を重ねていく。同じ歌を一緒に歌う快さ、同じリズムで動く楽しさ、同じテーマで絵を描く楽しさなどである。ここでは、クラスで、同じことを一緒にする課題活動を、「共同的課題活動」として表し、集団でともに心と力を合わせて協力し合う集団ならでは課題活動を「協同的課題活動」と表す。共同的課題活動は、同じ課題に取り組んでいるがその課題解決のペースや結果は一人ひとり異なっていることが中心となる。年少児・年中児や集団生活の始まりのころは、共同的課題活動が多く、年長児になると共通のめあてをもつ協同的課題活動を経験することを通して、自律や協同の学びを経験することがめざされる。

（3）指導・援助の観点 －認める、伸ばす、つなぐ、拡げる、個に戻る－

　では、展開過程においては、どのような働きかけが求められるであろうか。クラスでの課題活動をする場合に、幼児理解から始めることが重要であることは述べてきた。自由遊びにおいても、幼児が惹かれ、自分が選んで始める遊びを保育者は理解し、まずは「認める」ことから始めることである。

　幼児がさらにその遊びのよさを味わうことができるように、ちょっとした声かけやヒントによって発展させることで、十分にその活動を深めることが可能となる。その環境の設定意図に向けて、「伸ばす」働きかけを行うことで、幼児はその活動を持続させ、展開することを体験する。

　さらに、個々の活動を保育者が仲だちして「他者へとつなげたり、集団へと拡

げたりする」ことで、集団で取り組むことがより楽しくおもしろくなる活動の体験をする。たとえば、積み木で家や道路をつくって遊ぶ幼児が複数いる場合に、両者（両地域）をつなぐ道を保育者がつくることで、遊びが広がるし、ダイナミックな遊びに発展することができたりする。

　このように、自由な遊びから、クラスの遊びの時間へと展開させ、拡げていく活動は、幼児の気持ちのなかにつながりがあるため主体的な活動になりやすい。『ピーター・パン』の絵本をクラスで読んだ後に、自由遊びでピーター・パンごっこが始まり、新聞紙で剣をつくり遊んでいる。そのなかに、ウェンディやそのきょうだいとして、かかわる幼児が出てきた。その際に、保育者がクラスでの活動として、ピーター・パンの劇ごっこを提案すると、イメージをみんなが共有できていることから幼児が主体的にアイディアを出しやすい。場面ごとでのせりふを考える幼児、衣装や持ち物をつくろうとする幼児など、個々の幼児がこだわるもので個性が見えてくることもある。

　このように、クラス全体で同じものにかかわったり、同じ活動をしたりしつつ、一人ひとりの好きなことや課題が見えてくる。こうして、個性が見いだされていく。集団で行う活動は保育者にとって流れがつかみやすく、個々の幼児の活動として、どのようなものだったのかを振り返ることもできる。個々に戻ることで、個の発達の保障と、さらなる次の活動への契機が生み出される。

　幼児同士のかかわりでは、お互いが助け合ったり注意し合ったりしてともに園の生活をつくろうという意欲をもつことが、重要である。さらに、他者のために働くことや、集団のための役割活動をすることにより、感謝をしたりされたりすることで、集団のなかで役割をもつことの大切さを体験することができる。

　以上は、個々の幼児を認め理解し、そうした幼児たちの活動を通して、活動そのものを発展させ、他につなぎ、集団へと拡大することが、保育者の役割であり、個の発達と、集団の発達が相互作用的に行われることの大切さを知ることができよう。

2 課題活動の展開

　課題活動を具体的に展開するには、どのようにすればよいであろうか。これまで述べてきたことをもとに、課題活動の展開と指導のポイントについて、基本的な流れを示しておく。

（1）活動の見通しをたて、課題活動の設定をする

　①課題活動の設定をする。その際に、発達における課題を乗り越えるクラスに共通の活動、共同的課題を設定する。②課題活動を通して５つの領域で育つ心情

や意欲、態度、経験について考察する、そして、③幼児が自ら発達要求を引き起こすような、よい出会い方を構想する。

（２）一人ひとりの発達過程に寄り添う課題活動

個々の課題活動に取り組む姿（自己活動）を理解し支えるとともに、課題活動を通して新しい自分になるための支援・援助や、長い過程のなかでの状況に応じた指導をする。さらに、幼児と幼児をつなぐ、共通の感情や支え合える共有するもの・ことをもち、それを証にして互いに新しい自分になる達成感を共感し合う。それを、クラスの仲間集団の発達の核にする。

（３）共同的課題活動から協同的課題活動へ

個々の活動から、集団でこそできる活動を設定し、共同から協同への経験をめざす。また、集団をよりよく発達させるリーダーと構成員の役割の体験をする。このような集団活動から発見され伸ばされる個性を把握する。

（４）課題設定を通して、クラスとともに育つ保育者

保育者自身も、共同的課題活動や協同的課題活動を通して、幼児とその集団の高まりとともに成長できる。幼児の教育実践は、加藤繁美が述べているように、「子どもの発達要求と、子どものもつ発達へのエネルギーに共感的に対応し、彼らのもつ『活動要求』を人間的な『発達要求』へと高めていく主体－主体の教育的関係と指導の構造」[2]である。

これらの活動から、共感を通した保育者の教育への要求と幼児の発達への要求が育つ関係性のあり方は図３－３のように表すことができる。

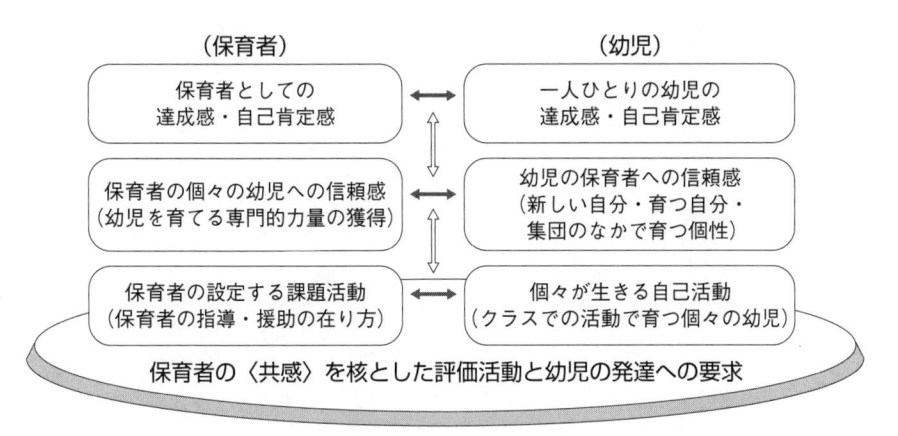

```
（保育者）                    （幼児）
┌─────────────┐          ┌─────────────┐
│ 保育者としての   │ ←→  │ 一人ひとりの幼児の │
│ 達成感・自己肯定感 │          │ 達成感・自己肯定感 │
└─────────────┘          └─────────────┘
         ↕                          ↕
┌─────────────┐          ┌─────────────┐
│保育者の個々の幼児への信頼感│ ←→ │ 幼児の保育者への信頼感 │
│（幼児を育てる専門的力量の獲得）│   │（新しい自分・育つ自分・│
│                       │          │ 集団のなかで育つ個性）│
└─────────────┘          └─────────────┘
         ↕                          ↕
┌─────────────┐          ┌─────────────┐
│ 保育者の設定する課題活動 │ ←→ │ 個々が生きる自己活動 │
│（保育者の指導・援助の在り方）│     │（クラスでの活動で育つ個々の幼児）│
└─────────────┘          └─────────────┘
    保育者の〈共感〉を核とした評価活動と幼児の発達への要求
```

図３－３　共感を通してともに育つ保育者と幼児の関係

4 実践事例から学ぶ

1 課題活動の設定

(1) 課題活動の設定 －「竹馬乗り」を通して育てるもの－

　B幼稚園では、毎年10月の運動会で年長児が竹馬行進を行っている。恒例の全員の行進とともに、各幼児が自分の得意な乗り方を披露する。足の位置が高い竹馬に乗る者、一本で片足とびをする者、速く走る者など、園児の紹介とともに一人ひとりが得意そうに自分の最高の技を披露する。

　この課題活動の設定は、昔ながらの遊び文化に触れてほしいという日本文化の伝承とともに、竹馬に乗るという活動を通したさまざまな力の獲得をめざして、4～10月までの6か月間、クラス全体で取り組む主活動として、長期的な設定がされる。クラス担任によれば、育ちの願いとしての1年間の目標は、①さまざまなことに挑戦しようとする健全な意欲と態度　②自然やさまざまな人とのかかわりのなかで育つ豊かな心情　③就学を期待する心つくりである。

　本節では、この担任の実践を例にして、課題活動を学んでいく。

(2) 課題活動を通して育てる5つの領域

　課題活動で育つことを5つの領域に分けて考察してみる。「竹馬乗り」の活動を通して育つ5つの領域は以下のように意義づけられている（表3-1）。

表3-1　5領域の意義

健　康	①戸外で過ごす機会が増える。②体の使い方、バランスを取るなどの運動機能の発達を促す。③歩く数、距離感、高低などを身体で感じる。④楽しみながら体を動かすことに興味をもち、少しずつできることで意欲が育ち、状況に応じて工夫するなど、しなやかな心と体の発達を促す。
人間関係	①友だちに刺激を受けつつ目標に向かい、自分でやり遂げようとする気持ちをもち、がんばろうとする。②先生や友だちとともに同じ目的をもち過ごす喜びを味わう。③保育者や保護者の励ましや支援に温かさを感じ、自信をもって取り組むことができる。④クラス全体で取り組む環境のなかで他者に合わせたり、感情のコントロールをしたりしながら取り組めるようになる。
環　境	①竹を利用した遊具である竹馬を知る。②竹馬とかかわるなかで、竹馬の特徴を知りながら乗ろうとして、その感覚が豊かになる。
言　葉	①自分の気持ちや、してほしいこと、困ったことなどを言葉で表現する。②周りのアドバイスに耳を傾け、言葉と実際の動きを結びつけて理解をしようとする。③体験とともに、言われてうれしい言葉、悲しい言葉に気づき、その用い方も知る。
表　現	①自分のこだわる乗り方を表現する。②できるようになったことを表現する楽しさを知る。③他者の表現を共感して受けとめ、共有し、喜びあうことを味わう。

（3）発達要求を引き起こす文化財との出会い方

　幼児が新しいものに、かかわったり、取り組んだりする場合に、楽しそう、おもしろそう、あのようにしたいといったプラスの感情が生じるよい出会い方をするように配慮する。以下は、クラス担任の配慮や工夫である。

①　年長児が竹馬にかかわっている姿を見る

　年少児の時期から、年長児たちが竹馬にかかわっている様子を見てきている。懸命に少しずつ練習をしている姿やできた時にはうれしそうにしている姿や集団で楽しんでする姿、そして運動会で行進する凛々しい姿を見てきている。

②　自分自身の竹馬との出会い（自分の道具ができる）

　年中児は1・2学期に年長児の竹馬練習や運動会での行進を見て、そのあと3学期には自分自身の竹馬を、保護者と一緒につくる。

　本物の竹を使って、保護者とともに竹馬をつくる。好きな色のテープで巻いたりして飾り、世界に1つしかない自分のお気に入りの道具をつくりあげ、竹馬という伝統文化に出会う。

竹馬づくり

③　竹馬に乗るという活動との出会い　－クラスで取り組む「竹馬の時間」－

　年長児になった4月、竹馬に乗る遊びが、クラスでの活動としての「竹馬の時間」で本格的に始まるが、乗るだけでも困難なことに幼児は戸惑う。裸足になり、足の親指と人差し指を広げて竹に挟むことが難しいらしく、多くの幼児が痛がる。また、いつも歩いている高さとは違い、自然に肩にも足にも力が入って力んでしまう。はじめは保育者が竹を両方もった状態で乗り、歩くことに慣れさせる。子どもたちの力が抜け始めると保育者は竹から手を片方離すなど、その子に合った援助を行い、自分の力で歩くことができるように仕組んでいく。手を離されることをとても怖がり、自分の力でほとんど歩けているのに「離さないで」と拒否するタイプ。全くバランスは取れていないものの「離して」と主張するタイプの大きく2つに分かれる。前者は技術面重視で、後者は気合いで何とか乗ってしまう。このように、個々の状況を理解し、できることをめざし活動を仕組んでいく。

2 一人ひとりの発達過程に寄り添う課題活動

(1) 新しい自分になるための援助

　竹馬に乗るという共通の課題をもつわけだが、幼児一人ひとりが異なる性格、運動能力、発達段階や環境にある。保育者は、課題に立ち向かおうとする一人ひとりの幼児を共感的にとらえて援助するために、活動を見守る・待つ、そして自分から活動に向かうように働きかけをする。クラスの人数分の取り組む姿がある。共通の課題活動ではあるが、その活動を通して得る発達上の意味は、一人ひとりみんな異なることがよくわかる。

事例2−①　「一人ひとりを理解し、発達の過程に寄り添う」

　＊Yちゃん　Yちゃんは運動能力が高く、全体での練習を始めて数日でバランスを取ることができ始めました。しかし、周りの友だちは、まだ竹馬にのぼることさえやっと。目立つことを好まず、友だちの前での発言等はめったにしないYちゃんは周りを見て考えてしまった様子。わざと練習をしなくなりました。保育者が誘っても数日間しないまま時がたち、その数日の間に仲良しのTちゃんが乗れるようになり、それに気づいたYちゃんは今度は焦り始め、練習を再開。しかし焦りと、数日のブランクから空回りしてしまいます。乗れるようになるまで数日かかりましたが、友だちと一緒に乗ることを楽しみ始めました。

周りとの関係に左右されることも

　＊マイペースAちゃん　保育者が誘ってもなかなか乗らず、全体の練習時間もぼーっとしたり、友だちと話していたりが多かったAちゃん。最後の数名になったころようやく「練習しないと…」と感じた様子です。やる気になるまで、Aちゃんが焦る気持ちをもつように保育者が毎日働きかけました。自分ができていないことに涙ぐむこともありましたが、写真はもうすぐ乗れそうという時の希望が見えて目つきが変わってやる気になった時です。

最初の一歩が不安定

手が離れた！

＊9月入園のNちゃん　　他園からの転園で、他児がほぼ乗ることができるようになってから練習を始めたNちゃん。初めてのことが苦手で泣きながらでも、「運動会で乗れるようにならないと…」と自分で目標を決めてこつこつ取り組み、10月の運動会では技の披露もしました。いつもどこかおどおどと園に来ていたNちゃん。運動会後、堂々として顔を上げ大きな声であいさつするようになった姿に驚きました。

　＊Rくん　　Rくんはとてもプライドが高い。身を守るために慎重に過ごすことが多い。竹馬への取り組みも気乗りがしないようで、運動経験も少ないことから竹馬に乗ることさえも大きな難関でした。練習は保育者に気づかれないように終わったふりをすることもありましたが、みんなが乗れるようになったころ、葛藤する姿が見られました。「乗れない自分は見せたくない」という気持ちから、練習している場所から遠ざかっていました。そのうちにみんなが乗れるようになってしまうという悪循環が働くようで、彼にとってはとても大きな試練でした。運動会直前になり、家庭に持ち帰り練習しようとする姿。いやいやながら、みんなに見せたくない乗れない姿を見られながら練習し、ようやく乗れるようになりました。

　＊Kくん　　Kくんは進級当初、男児のグループが遊んでいる様子を、少し離れた場所から眺めてにこにこ笑っている姿が多くみられ、保育者が男児グループに入るきっかけづくりをしても自分の意思で離れてみることを選んで過ごしていました。Kくんはとても慎重な性格で運動会までの見通しをたて「乗れない」ことを心配し、「そんな自分は絶対に許せない」と鬼気迫るように練習を始めました。周りをよく見ている彼は、運動能力の高い友だちの力を認めていて、友だちの姿を横目にしながら自分の努力を惜しみません。努力の成果が見られ、クラスでも早いうちに乗れるようになったKくんは自信をつけていき、それまで男児グループの様子を見ていておかしいと感じたことは保育者に伝えに来ていたが、直接自分で意見を伝えに行くようになり、グループのなかに入って遊ぶ姿が増えてきました。

楽しく行進

　このように、クラスで共通な課題活動をすることにより、幼児の一人ひとりがよく見えてくる。今までと同じ姿もあるが、異なる姿も発見される。みんなと同じにできるようになりたい要求、自分を超えたい要求も一人ひとりのなかに生ま

れる。「がんばらなければいけない、でも…」保育者にそのように見えてきた時には、幼児におそらく多様な感情や思考が芽生えてきていると思われる。こうした機会は、発達の契機である。その際、クラス担任のみならず、クラス担任を中心に、園長や副園長、主任、前クラス担当者や年長クラス経験者などとともに協力し合って園全体で取り組むことで、この葛藤を支え乗り越えるための援助が可能となる。幼児ががんばって何かをやり遂げるには、保育者・保護者をはじめ仲間の支えも必要であり、そうした過程で、やり遂げることにより自信がつき、それがほかの場面でも（あいさつにも）発揮されてくる。

★事例から考える学習のポイント

- **個々に寄り添う保育**
  　　―園全体の協力による多様な視点とかかわりの必要性―
  　次の保育者（主任）の言葉から、保育者同士の協力について考えよう。
  　「クラス担任から一人ひとりの詳しい情報、援助してほしい内容を聞き、戸外での自由遊びの時間にも竹馬を支えたり、誘ったりと援助しました。また、単に、乗れる乗れないといった技術的な上達だけではなく、心の動きにも目を向け、あらゆる立場の保育者や職員のなかでその時、その子に一番よいと思われる者が声をかけ、竹馬に気持ちが向くように働きかけをしました。」
- **今と未来へ共感する保育**
  　　―今を共感し、なりたい自分に向かう言葉かけ―
  　言葉かけは、今、幼児が活動をするためだけにかけるのではない。どのような言葉を相手の身にかけることが、今と、よりよい未来をつなぐのかを考えてみよう。
- **待つ・見守る保育 ―長い過程のなかでの状況に応じた指導―**
  　どういう時に待ったり、見守ったりし、どのような時に直接的な言葉をかけるとよいのだろうか。状況に応じて考えてみよう。活動が止まり停滞している時に、待つ・見守る。何かに挑戦し集中している時に、見守る。そのほかの場合は、どうだろう。
- **強制ではなく、やる気を引き出す指導を**
  　もし、課題活動が強制されると幼児はどんな気持ちになるだろうか。嫌だというマイナスの感情がいっぱいになると幼児はどうなるであろうか。指導は強制ではなく、相手に拒否の自由という前提があり成立する。保育者の願いは願いで強制してはならない。また、園の一日全体を通して、一人ひとりの幼児の「好き」と「よさ」が生きる保育があることで、マイナスの感情を乗り越えることができる。

（2）幼児と幼児をつなぐ、共感と支え合えるもの
―新しい自分になった達成感―

　同じことを個々が取り組む共同活動を行っていくなかで、一人ひとりの幼児のなかによく似たような内面も生じてくる。この同じ感情や思い・考えを見つけつなぎ合わせていくことが、保育者に求められる。とりわけ、幼児なりに課題を乗り越えていく時に、「できるようになりたいが、できない」という矛盾を感じる。心や頭で葛藤し、身体も緊張しつつコントロールしなくてはならず、それゆえに乗り越えた時の達成感がより大きいことを味わってほしいと願う。その結果、道具を自分のものにし使うことができるという自由を得るのである。この経験が、自信と次の活動への意欲を生み出す。そして、自己肯定感につながっていく。この過程は、どのような課題活動でも共通に体験してほしいことである。さらに、自分の「できる」「うれしい」という気持ちを共有してくれる仲間と喜び合えることが、達成感をより高めることにつながる。

事例2-②　「課題活動によって共有できる感情」

＊Kちゃん・Rちゃん

　まじめでこつこつタイプKちゃん。積極性はあるものの内気なRちゃん。年少の時から年長児に憧れ、自分もがんばると気合いが入っている、クラスのムードメーカーの2人です。友だちが乗れると自分のことのように見つめ、乗れた瞬間、大喜びし合っていました。

こつこつ練習の成果が現れ、乗れるようになったKちゃん。うれしくてしょうがないという様子で、竹馬で歩き回っています。

　課題活動を通して「できる」ことが生じると、そのできる活動そのものをすることが楽しくうれしくなる。その気持ちが、同じ活動をしている他者にも向く。他者が同じようにできるようになると、自分のことのようにうれしくてたまらなくなる。きっと、それは、できない時の情けない気持ち、悔しい気持ち、嫌と思う気持ちをも共感できているから、できた喜びに深く共感できるのであろう。このような友だちのことを自分のことのように共感する力は、保育者からの共感的なかかわりにより生まれる。そして、この共感する力が、一人と一人の間をつなぎ、一人を集団へとつなぎ、さらなる関係性を生むのである。共感の輪の広がりは、クラスの仲間づくり、クラス集団づくりに欠くことのできないものである。

> **事例2－③　「『がんばりまめ』―がんばった者が共有するもの―」**
> ＊自分のがんばり・乗り越えの（成長の）証「がんばりまめ」
> 　練習していると、竹馬に挟んだ指と指の間にまめができ、それがこすれてまめが破れてしまいます。幼稚園ではそれを「がんばりまめ」と呼んでいます。幼児は痛みよりも、がんばった証として、誇らしそうに「先生、がんばりまめができた。ばんそうこをはって」と来ます。「痛かったね。がんばってるね」と声をかけると、どの幼児も、「いいや。ぜんぜんいたくない！」と答えます。この言葉の向こう側に、幼児たち一人ひとりの自信や誇り、覚悟や決心が見えます。
> ＊「がんばりまめ」の披露会
> 　2012年度の年長児クラスも3か月後の運動会に向けて、今はまさに「がんばりまめ」の披露会（？）の時期。毎日「足が痛い…」と足の指をさすっていた子どもたち。乗れるようになったとたん、その「がんばりまめ」を誇らしく思うようになったようで、友だち同士で見せ合いっこをしています。「先生、まめできた！」「オレまめつぶれたんだよ～」「オレもオレも！」「先生、足が痛いからばんそうこう貼って！」。絆創膏を貼っていると周りに子どもたちがわらわらと集まります。「〇〇君、まめつぶれたの？」「大丈夫？」そして、まだ一人乗りができずまめができた足を痛がっている友だちに「オレもまめできてめっちゃ痛かったけど、乗れるようになるよ」と言っています。

　がんばりを表す共有のもの・がんばりを共感できる証（あかし）・共通の言葉が「がんばりまめ」である。心のなかや頭のなかを言葉で表現することは難しいが、事実としての「がんばりまめ」は目に見えるので、そこから共感やイメージを共有した言葉が拡がる。

★事例から考える学習のポイント
・課題活動から生まれる、クラスで共有できるもの・こと・事実
　ほかの課題活動における「がんばりまめ」を探してみよう。共有するものができて、初めて仲間となることができる。
・クラスで共有する"もの・こと"を、クラス集団づくりの核に
　体験の積み重ねも、クラスづくりに大切な共有できることであるが、それ以上に大切なのが、そうした体験から生まれる共通の感情・思考の積み重ねである。これを目に見えるものにし、クラス集団が育っていく歴史づくりをし、このクラスの物語を綴っていくことには、どんな方法があるだろうか。

第3章　課題活動の指導方法・援助

3 共同的課題活動から協同的課題活動へ

（1）個々の活動から、集団でこそできる活動の設定 －共同から協同へ－

　同じことをともに行う共同的課題活動は、同じめあてをもって、個々が取り組んでいく活動である。さらに、集団の構成員がともに協力し合わないと成立しない課題活動、すなわち協同的課題活動を設定することが、一人ひとりが生きる集団づくりにおいて必要である。その際、集団を支える活動が成立するために自分が必要とされていることが感じられる活動、集団を意識して自己をコントロールするような活動が望ましい。こうした活動を通して、自律心も芽生えていく。

　協同的課題活動では、まとめたり先に進めようとしたりするリーダーを育てるチャンスである。リーダーがリーダーとなることができるのは、協力する仲間がいるからであり、自分が楽しい集団活動を経験できるのは、リーダーの存在があるからであることを体験的に学んでほしい時期である。クラス担任が、望ましいリーダー像や集団構成員を示すことで可能となる。

事例２－④　「個々の活動から集団活動へ」

　竹馬で歩くことができる幼児が増えると、並んで歩くことを次の目標にあげます。自分のペースではなく、人のペースにあわせて歩くことは難しいことです。みんなで力を合わせて行うために、次にがんばるべきことの必要性を感じてほしいと願い、保育者はしばらく見守ります。横に並んで歩く時は、必ず、「何で遅いのか」「○○くんはやい」とけんかが始まります。

　縦に並んで歩く時は、先頭はゆっくりと後ろの人がついてくることができるペースで歩く、なかの人は前の人と間があかないようについていく、または早過ぎてぶつからないようにするためにゆっくり歩く、足踏みして待つ、が必要です。上手くいく方法を子どもたちが気づきできるように必要に応じて保育者がヒントを出しながら一緒に考えます。

　下の写真はRちゃん（左写真の中央）が発起人になり、子どもたちが自主的に並んで歩こう（行進しよう）と準備し始めているところです。RちゃんとKちゃんが中心となり毎日のように自主的練習。保育者（担任）がまだ

上／行進の準備中
右／みんなで出発！

乗れない子に手をかける間に、自分たちで楽しめ、かつ達成感を味わうことができる遊びを生み出しました。まだ乗れない子のことも気にしつつ、横を通りながら「がんばって」「練習したら乗れるようになるよ」と励まします。友だちが乗れるようになると大歓迎し、自分たちの行進の仲間に迎えようとします。

このように、クラスで心や力を合わせて行う活動として協同的課題活動を設定していくことで、集団の一員として個々が活動し、集団としての活動がよりよくできるように意見を出したり、工夫したりと、集団思考をする体験をもつことができる。

★事例から考える学習のポイント

・**協同的課題活動から個々が学ぶこと**

協同的課題活動は個々に新たな挑戦、新たな力を生み出す。とりわけ、心や身体の自己コントロールせざるを得ない状況をつくる。その際に、保育者は集団のペースは誰を基準にすべきかを考えねばならない。基準は次のなかで誰がよいであろうか。保育者、リーダー的存在、一番できる・早い存在、平均的な存在、合わせることが一番困難な存在・遅い存在。基準の設定は、どのような集団にしたいのかに深く関係していることを考えてみよう。

・**協同的課題活動でのけんかは、集団が発達する機会**

集団としてどうすべきかで本気になり、幼児なりに意見を出して衝突することもある。そうした場面に、保育者は、どのようにかかわるとよいであろうか。

・**集団をよりよく発達させるリーダーと構成員の役割**

どんな幼児がリーダーになるだろうか。どんなリーダーが集団を育てるのか。リーダーになりがちな幼児は、思いをすぐに表現する、多様な活動への展開や皆でできる活動のおもしろさを知り、みんなに指示する役（先生のような役）が好きで、保育者を代表とする大人の求めることがわかる傾向がある。しかし、そうした幼児がそのままリーダーとしての力をもつわけではない。リーダーは、育てるものである。そして、クラスの誰もがリーダーになることができるような関係を育てることが大切である。

（2）集団活動から生まれる個性

> **事例2－⑤　「幼児による課題設定 ―挑戦する課題の発見―」**
>
> 　自分で歩けるようになると、今度はより自力でできることをめざし「かべなし」を練習します。運動会でみんなの前で乗る時に、保育者の力を借りるのではなく自力で乗れることがかっこいいことを伝え、子どもたちに目標を与えます。「かべなし」は乗る瞬間のバランスを取ることがとても難しく、「できない」とあきらめ保育者に支えてもらおうとすぐに子どもたちがやってきますが、あきらめないで、根気よく挑戦することができるように促します。
>
> 　運動会では、片足乗り・ケンケン・ジャンプ・カニ歩き・さかさま乗り・スキップ等できるようになった技を披露します。歴代の年長児がしていた技を思い出し、「次はこれ！」とそれぞれが目標をもって練習します。時には自分で考えた技を「こんなこともできるよ！」と保育者や友だちに伝え、喜び合う姿も見られます。
>
> 　　かべなし乗りの練習　　　　　一本ケンケン跳び

　いろいろな活動への挑戦は、他児の姿を模倣することと自分のこだわり探しと深くかかわっている。身体のバランスを取る動きが好きな幼児、跳ねるリズムや瞬発力を感じる動きが好きな幼児、当たり前とは違うことがおもしろいと足かけの反対側に乗る幼児、後ろ歩きでの動きや高く見える世界が移り変わるおもしろさを味わう幼児。いろいろ試してやってみて、自分は「これが一番好き！」が生まれる。

★事例から考える学習のポイント

・**集団活動から生まれる個性 －「好き」・「こだわり」から生まれる個性－**

　個性とは何だろうか。人とは違うことだろうか。教育における個性は、発見し伸長するもの。そして、その社会で共有できる認められうる力（能力）のなかでの、その人らしさといえよう。幼児のどのような姿が、個性を表している

のであろうか。まずは、一人ひとりの「好き」・「こだわり」を見つけてみよう。
・**発見し、伸ばし育てる個性 −拡がる"好き"・"こだわり"と個性の伸長−**
　自分で選ぶ自由遊びでの遊び方とともに、集団活動としての共同活動、協同活動をすることにより、幼児の個性は発見され拡げていくことができる。その意味で課題活動は、多様な個性が生まれるチャンスである。クラスでみんなが一緒に絵本を読む時、手遊びをする時、造形をする時など、どのような幼児の個性があり、どのように伸ばすことができるであろうか。

（3）課題設定を通して、クラスとともに育つ保育者
　課題活動を通して、保育者が人間的にも専門的にも育っていく。幼児を真に育てる保育者は、自分自身も育てている。そのような保育者になるために、自分自身の心・頭・身体を働かせて、よりよい教育活動について、主体的に考えてみよう。

【引用文献】
1）宍戸健夫・田代高英編『保育入門』有斐閣　1979年　p.114
2）加藤繁美『新保育論1　保育者と子どものいい関係−保育実践の教育学−』ひとなる書房　2007年　p.160

【参考文献】
豊田和子編『実践を創造する　演習・保育内容総論』みらい　2011年
小田豊・青井倫子編著『幼児教育の方法』北大路書房　2005年
教育方法学会編『現代教育方法学事典』図書文化社　2004年

第4章　行事活動の指導方法・援助

　各園では、年中行事や毎月の行事などさまざまな「行事」が取り組まれています。子どもたちは行事のなかから季節感を味わったり、毎日の生活では味わえない経験をしたり、いつもとは違った人たちとのかかわりを楽しんだりしながら、大きくなっていく喜びを感じていきます。

　一方、1つの行事が終わると次の行事へと取り組んでいかなくてはならず、保育者も子どもも忙しくて余裕がなくなる恐れがあるのも事実です。また、行事となると"見せる意識"が強くなりすぎて、いつもの保育とはかけ離れてしまったり、子どもの主体性が損なわれた行事になってしまったりする危険性も存在します。

　そこで、この章では子ども一人ひとりが輝き、クラスのみんなで取り組む楽しさが味わえる行事のあり方について考えていきます。

1 園で行われるさまざまな行事

|1| 行事の種類

　幼稚園や保育所においては、年間を通してさまざまな行事が行われる。そうした多くの行事のなかで、子どもたちは生活を豊かにしたり、季節を感じたり、園生活の区切りをつけたりしていく。これらの行事は園生活に変化や潤いをもたらすものとして重視されているが、各園で行われる行事にはどんなものがあるのか、またどのような年間計画のもとで取り入れられているのかについて考えてみたい。

① 儀式としての行事

　行事のなかでも入園式、卒園式（修了式）、始業式、終業式、創立記念日などの儀式としての行事がある。子どもにとっては生活のスタートであったり、区切りとなったりする大事な行事であり、大きくなったことを実感する機会でもある。

② 園行事

　幼稚園や保育所において独特な教育的意義をもつ行事であり、どの園でも力を入れ時間をかけて取り組んでいくものである。代表的なものとしては、運動会、作品展、生活発表会、誕生会などがあげられるだろう。園生活のなかでもこれらの行事の占める割合はかなり大きく、保護者が子どもの成長を感じる時でもあるので、それらの行事への期待も大きい。また誕生会などにおいては、子どもの誕生日あるいは月ごとに、誕生児一人ひとりの成長を祝う機会をもっている。保護者を招き、ともにお祝いする園もある。

③ 季節の行事

　季節の伝統行事としては５月の節句、七夕の会、クリスマス会、豆まき、ひな祭りの会などがあるが、家庭で経験することが少なくなってきた伝統的な行事を、意図的に園の教育の一環として取り入れ、伝統や文化をつないでいく役目も担っている。幼児はこれらの行事を経験しながら、季節の移り変わりを感じとったり、受け継がれていく文化を味わったりしていく。

④ 地域とかかわりのある行事

　地域のお祭りやイベントに参加したり、地域のお年寄りや未就園の子どもたちを園に招き、遊んだり触れ合ったりする行事が行われている。また地域の幼稚園と保育園や小中学校と交流する行事も盛んに行われている。今日では、地域連携の課題からも、有意義な行事として位置づけられる。

⑤ そのほかの行事

　幼児たちが安全に生活するための避難訓練や交通安全指導なども、命を守る大

切な行事として計画されている。それらの行事は毎月行ったり、園生活の節目に行ったりしている。災害への対策の重要性が叫ばれる近年では、園での生活や日常生活をするなか、日ごろから幼児自身が災害や事故から自分の安全を守る力やその知識を身につけるうえで、これらの安全訓練の行事は欠かすことのできない大事な教育的意義をもつ。

2 園における主な行事

　行事の位置づけや重点の置き方、取り組み方は園の方針や理念によりさまざまであるが、ここでは、A園の場合の年間の行事スケジュールを紹介しておく。それぞれの行事に何を求めていくかを考えながら精選し、表4－1のような行事を計画し取り入れている。先に紹介した行事の種類に注目しながらみてほしい。

表4－1　主な行事の一例

	主な行事	その他の行事
4月	入園式　始業式　新入園児を迎える会 誕生会（毎月）	交通安全指導
5月	5月の節句　親子遠足　保育参加 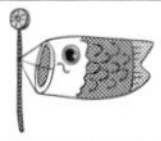	避難訓練（毎月） 健康診断
6月	プラネタリウム見学（年長児）　保育参加	歯科検診
7月	七夕の会　保護者会　終業式	
8月	お泊まり保育	
9月	始業式　おじいちゃんおばあちゃんと遊ぶ会 虫とり遠足 	
10月	運動会	
11月	遠足　作品展　保育参観　創立記念日	
12月	クリスマス会　もちつき　保護者会　終業式	
1月	始業式	交通安全指導
2月	豆まき　生活発表会	
3月	ひな祭りの会　遠足　お別れ会　保護者会 卒園式（修了式）	

虫とり遠足 　　　　　　　夏祭り 　　　　　　　クリスマス会

2 行事の教育的意義について

1 子どもの育ちを促す行事の意味

　わが国では、戦後間もない時期からすでに、行事が幼児教育のなかに位置づけられ、重要視されていたことがうかがえる。今から60数年前の1948年（昭和23）年３月に当時の文部省から試案として出された『保育要領』の「年中行事」の項目のなかには、「幼児の情操を養い、保育に変化と潤いを与え、郷土的な気分を作ってやる上から、年中行事はできるだけ保育にとり入れることが必要である」と述べられている。

　この理念は、少なからず今日までも受け継がれているように思われる。

　現行の『幼稚園教育要領』では次のように述べられている。

> ・行事の指導に当たっては、幼稚園生活の自然の流れの中で生活に変化や潤いを与え、幼児が主体的に楽しく活動できるようにすること。
> ・なお、それぞれの行事についてはその教育的価値を十分検討し、適切なものを精選し、幼児の負担にならないようにすること。
>
> 　　　　　　　（第３章 指導計画作成に当たっての留意事項２（４）より）

　ところが、幼児教育への期待感が高まる傾向にあって、保護者からの行事に対する熱意のあまり、本来の教育的な意義から離れて保護者に見せるものとしての意識が強くなり、その結果、保育者主導の取り組みになりがちの園も少なからずある。園で行われる行事に対する保護者の期待に応えることの重要性も理解しつつ、保育者は、幼児たちが行事の日に向かって育っていくプロセスをより大事にしていきたい。なぜならば、集団生活である園の行事には、個々の家庭では体験することのできないさまざまな活動を多く含んでおり、その取り組みの過程で幼児は仲間と力を合わせたり、自分の得意なことを伸ばしたりしながら、仲間のがんばりを認め、ともに育つという、大切な成長の機会でもある。

　ここでは、行事とは幼児の育ちにとってどんな意味があるのか、またどんな育ちを促していくのか考えてみよう。次のような教育的意義があげられる。

① **いつもの生活や遊びにめりはりをつけたり、広がりをもたせる**

　幼児たちにとって、日ごろの生活や遊びは楽しいものにちがいない。しかし、幼児たちが自発的に自分たちから生み出すものだけで、十分と言えるだろうか。園で精選された行事に取り組むことによって日ごろの生活にめりはりをつけた

り、季節を感じたりしながら、いつもの遊びや生活とは違う新鮮さや遊びの広がりや奥深さを味わうことができる。行事は子どもたちの生活を豊かにする大事な機会である。

② **大勢の友だちと取り組むことの楽しさを味わう**

行事の取り組みのなかでは、いつもと違う友だちと触れ合うことが多くなる。いつもは気づかない友だちのよさを発見したり、友だちのがんばっている様子を見つけたりする機会にもなる。また、大勢の友だちと取り組むなかで、みんなですることの楽しさを味わうことができる。このように、行事は自他の認識を促す機会ともなる。

③ **目標に向かって取り組む**

行事は大抵のものが年間の「指導計画」によって日程が決められていることが多い。したがって、保育者も子どももその日を目標として取り組むことができる。目標がはっきりしていることによって、見通しをもって生活しようとする励みとなり意欲がわく。園生活では、「近い見通し」「中くらいの見通し」「長い見通し」などさまざまな見通しをもって、日々を過ごすことが幼児期の子どもの発達にとって大事である。そして、その見通しを仲間と共有しながら、1つの目標に向かって取り組む力を養うことができる機会が、行事にはある。

④ **周りから認められることで自信をもつ**

行事においては、保護者が参加することが多い。したがって、保護者と一緒に参加する喜びや、見てもらう喜びを味わうことができる。同時に、保護者や周りの人から認めてもらう機会となり、自分自身に自信をもつことにつながるため、成長の節目ともなる。

⑤ **ルールを守ることの大切さを知る**

大勢の友だちと参加する時には、ルールを守ることが大切となる。集団生活のなかで、決まりを守りながら自分の力を発揮し、みんなで気持ちを合わせやり遂げていく充実感を味わうことができる。普段の遊びでのルールとは、異なるルールを守ることが要求されることもあり、幼児期に学ぶべき社会性を身につける機会が行事にはある。

⑥ **行事に参加した喜びや感動が、次への期待や意欲を生み出す**

たとえば、年少クラスに入ったばかりの3歳児では、最初に経験する行事においては見通しがもてないこともあるが、4歳児（年中組）は参加して楽しかった経験が意欲となり、もっとやりたい、かっこよくやりたい気持ちにつながっていく。経験したことは、次の学年になると、自分たちで主体的に考える土台となる。このことも、園での行事の独特な意義をもつ。

上記のように、行事は、普段の生活からかけ離れたものではないが、普段の遊

びや生活のなかでは経験できない多様なかかわりや、知恵や、ルールを包含しているがゆえに、幼児たちの喜びや期待感も大きいものがある。

2 行事の取り組みに当たって大事にしたいこと

　行事がもたらす多くのよさについて述べてきたが、ともすると保育者主導の行事になってしまう恐れがあることは先に述べたとおりである。また日ごろの遊びや生活からかけ離れてしまいがちにもなる。先述(p.90)の『幼稚園教育要領』の趣旨に沿いながら、行事の取り組みについて、大切にしたいポイントを考えてみよう。

①「自然の流れの中で」とは
　普段の生活の流れのなかに行事も存在するものであり、いつもの遊びと関連づけながら無理なく行事に関する楽しいことが含まれてくるものである。行事があるからといって、突然いつもとまったく異なる生活や、保育者主導の練習が繰り返されるものではない。普段の生活のなかに自然な形で行事への取り組みが混ざり合っていくものでありたい。

②「生活に変化や潤いを与え」るとは
　子どもにとっては日ごろの遊びは楽しいものであるが、行事に参加することによって、いつもとはまた違った体験をすることができる。また憧れていたことや、やりたいと思っていたことに挑戦したり、他クラスや異年齢の友だちと触れ合って遊んだりする機会にもなる。こうした取り組みのなかから、自分や友だちのよさに気づいたり、興味や関心を広げたりする。

③「主体的に楽しく活動できるようにする」とは
　受け身になりがちな行事であるが、いつもとは違った環境の構成をしたり、今までの経験を思い出したりしながら意欲的に取り組もうとする姿勢をとらえていきたい。子どもたちの「こうしたい」思いや、「こんなふうにしたらどう？」という言葉に保育者は耳を傾け、一つひとつ実現に向けて取り組んでいきたい。子どもたちは、自分の意見が採用されるとさらに取り組もうとするものである。1つの目標に向かって、友だちと知恵を出し合うことや話し合いを重視しながら、幼児が主体的に工夫していくことのできる行事にしていきたい。

3 行事の指導・援助の視点とポイント

　行事においては、毎年同じ時期に繰り返されるものが多い。そのために、保育者の側は、安易に昨年と同じ内容でよいと思う傾向もある。しかし大事なことは、

それぞれの行事を通して、幼児自身が、"何を経験し""どのような力"が育っていくのかを丁寧に問い直していく保育者の姿勢が大事である。

行事における指導と援助のポイントを考えていこう。

（1）各学年の育ちにふさわしいものでありたい

行事においては、園全体で行うことが多いため、幼児に無理な要求を求めてしまうことがないようにしたい。たとえば年少組の1学期の子どもの様子を見ると、自分と担任の先生との関係づくりが一番大切となる。このような時期においての行事のもち方としては、大勢で遊戯室へ集まって行う会というよりは、自分のクラスで安心して過ごしながら、いつもとは違うちょっと楽しみなことがある日と考えてはどうだろう。

> **事例1　抱っこのプレゼント**
> B園では、年少組の4月の誕生会には、園長先生が年少組の保育室へ行き、誕生児と保護者にお祝いの言葉をかけている。いつも生活している場所で、園長先生から抱っこのプレゼントをもらい、担任の先生からお楽しみの何かをしてもらうことで、無理なく温かい雰囲気の漂う誕生日会が行われていた。

このように特別に大げさなことでなくても、それぞれの育ちにふさわしい行事のあり方を、絶えず保育者は話し合い考えていく必要がある。

（2）子どもの主体性を引き出していきたい

園全体で取り組む行事も多い。その企画を成功させようとすると、保育者は園全体の活動がスムースに進行することに気持ちがいきがちであり、幼児の姿や要求に目が十分いかなくなり、保育者主導になってしまうこともある。気をつけたい事柄である。年長児では、年少・年中組の時の経験を積み重ねていることもあり、子どもたちの考えを引き出し、取り入れながら行事に向かって取り組んでいくことは可能である。

> **事例2　幼稚園のバースデー**
> C園では周年行事を迎えるにあたって、もうすぐ幼稚園の40歳の誕生日であることを子どもたちに話した。子どもたちはどのようにお祝いをしてあげたいか話し合った結果、でっかいケーキをダンボールでつくってお祝いすることになった。どのくらいの大きさにしたいか、また飾りもどうしたらよいか、みんなで相談しながら進めることにした。

幼稚園の周年行事を、それぞれが自分の誕生会のように考え意見を出し合っていく。保育者も考えながら、「おうちでおねえちゃんに相談してくる」と言う子どももいる。そのようにして自分たちのアイデアを形にしながら、周年行事に取り組んでいくことができるのである。

(3) 行事に取り組む過程を大切にしたい

　行事が迫ってくると、保育者の側にも、見栄えや結果に気持ちが傾きがちになることがよくある。しかし、「どうしてこうしたストーリーになっていったのか」、「どこを工夫したか」、「どこが苦労したところか」などを丁寧に振り返り、子どもたちの成長の過程をとらえる姿勢を忘れないように心がけたい。そして、そのことを何よりも子どもたちと共有しあうこと、そして、保護者にもわかるように知らせていきたい。そうすることによって、幼児たちは自分が取り組んできたことの意味が明確になり、やり遂げた充実感につながっていくし、保護者たちも行事の教育的意義の理解が深まるため、子どもたちに対して適切な言葉がけがしやすくなるのである。

(4) 見通しをもち余裕のある取り組みをする

　行事は日程が決められていることが多い。そのために保育者が見通しをもって取り組んでいかないと、子どもをせきたて無理な追い込みをせざるを得なくなる。そうした状況のなかでは、子どもたちがすばらしいアイデアを出していても、次の例のように保育者は聞き逃してしまったりすることもある。

> **事例3　見通しがもてずに…**
> 　D園では、7月の下旬に夕涼み会を開催する予定が立てられている。保育者は何とか話し合いをして、グループをつくって取り組んでほしいと考えているが、保育者自身が「時間がないから」とつい心の余裕をなくしてしまった。そのため、盆踊りをまだ十分覚えていないからとあせってしまい、気がついたら長時間の練習となってしまった。そのため幼児たちの話し合いをもつことができなかった。

　こうしたことのないように、日程を考え余裕をもって取り組むことと、取り組みの過程では、保育者自身が、幼児の発言やアイデアに耳を傾ける心の余裕をもつことを心がけたいものである。

（5）昨年のよさを生かしながら、行事の見直しを図っていく

> **事例4　立ち止まって考えてみる**
>
> 　ある時、E園では運動会の予行演習をいつにするかという話になった。その時1人の先生から「何のためにするのでしょう？」といった疑問が出された。いつもやっていることを、プログラムの順に一通りやってみることの意味を考えた時、子どもにとって何を経験するためのものなのかわからなくなってきたと言う。
>
> 　この発言から、長時間の予行演習になると思われることをあえて行う意味は何なのか、を考え直すきっかけとなった。話し合いの結果、保育後に保育者だけで打ち合わせをすればいい部分と、子どもたちに何となく見通しをもたせ、やる気につなげる部分をきちんとふまえていくことの大切さを、改めて確認することができた。

　この話し合いの後、子どもたちが運動会の全体のイメージをもつことができ、競技中の準備や片づけの見通しがもてることが大切であることから、子どもたち用の大きなプログラムをみんなでつくることにした。そこにはどこで何を準備したらよいか、どこで片づけたらよいかを保育者と子どもで書き加えていった。そうすることで、子どもたちは運動会全体の見通しがつき、自分の役割に責任をもってやり遂げようとするようになる。そうした主体的に取り組めるようになるために必要なものを考え、取り入れていくことが大切である。

　また、万国旗についても、運動会前日に子どもが帰った後に飾ることでいいのかという疑問にぶつかった。子どもたちが喜んで描いた絵の旗を、雨の心配がなければできた旗から飾って増やしていくこととした。そのことにより、運動会当日、「見て見て、私の描いた旗はここにあるの！」とうれしそうに家族に紹介する姿がみられた。

（6）保護者とともに、子どもの成長を喜び合えるものでありたい

> **事例5　「涙が出ちゃったんだって」**
>
> 　運動会の翌朝、Kちゃんがこんな話を始めた。
> 「おばあちゃんがね、私がんばって走っているとこ見て涙が出ちゃったんだって。そして私が踊っているところを見てまた涙が出ちゃったんだって」。

　Kちゃんにとっては、おばあちゃんのその言葉がうれしくて、朝一番に保育者に伝えたかったのだろう。こうした会話から、園の行事が家族のなかでも子どもの成長を喜び合う姿とつながっていくことがうかがえる。

（7）年長組の取り組みを年中組に見せていく

　誕生会の年間計画においては、2学期からは異年齢のクラスで行ったり2クラスで行ったり年中・年長組の4クラスで行ったりしている。年中組に見せることによって、「かっこいい」「あんなふうにやりたい」という成長への憧れの気持ちを育みたい。

　卒園式に会場の広さの関係で年中組は参加しない園がある。そんな時には、式の練習に参加させてもらいながら、「かっこいい年長組さん」を再確認するとともに、いよいよ自分たちが年長組を引き継いでいく責任を感じる時でもある。幼児期の子どもは、自分自身の成長に気づき、また、さらに大きくなることの憧れと期待感を膨らませているのである。この意味から、幼児たちが参加しなくても大きい組の活動を"見ること"を保障する時間とその追体験も大事にしていきたい。

（8）行事の後の余韻を大切にする

　運動会の翌日跡形もなく片づけてしまうのではなく、やってみたいことができるようにしていく。年長組が踊りに使っていたかっこいいきらきら棒やテープを借りに行き、踊る姿がみられるであろう。大人にしてみれば「行事の終わり」は、一区切りかもしれないが、幼児の気持ちや生活は連続していることを忘れてはならない。どこの園でも、運動会の終了後にこそ、幼児たち自身によるリレー遊びやリズム遊びが、何度も何度も行われたり、さらにおもしろい遊びを考え発展させていく様子がみられる。

4 実践事例から学ぶ

1 誕生会の取り組みのなかから

　幼児たちの誕生会は、現在ほとんどの園において行われている行事であろう。園によっては一人ひとりの誕生日にお祝いをしたり、誕生月に日を決めて一斉にお祝いを行ったりしている。

> **事例6　誕生会のプログラム**
>
> 　A園(年長・年中・年少組各2クラス)では、月に1度の誕生会にその月の誕生児の保護者も招待し、一緒に参加してもらっている。その理由は、子どもの成長した姿を保護者とともにお祝いしたいという思いと、保護者の方にも「大きくなられて、おめでとう」「がんばって育ててみえましたね」と声がかけたくてのことである。

A園の誕生会は、4月には1年間の計画が立てられ、どんな出し物にするかが決められていた。もちろんそうした見通しをもって取り組むことも大切ではあるが、保育者はもう少し年長組の子どもたちの意見を取り入れながら、子どもたちが主体的に取り組める柔軟性のある誕生会にしたいと考えていた。

　A園の年間計画では、誕生会は同年齢の2クラス合同で行ったり、年長組と年中組2クラスの合同開催を取り入れながら行う計画となっている（表4－2）。また、年度の最初は保育者の出し物を楽しむが、慣れていくにつれて手品ショーや踊りなど幼児たちのやりたいことを一緒に企画しながら徐々に子どもたちに任せていけるよう、計画に柔軟性をもたせてある。

表4－2　A園の誕生会の年間計画（年長組・年中組・年少組各2クラスの園）

	年少組	年中組	年長組
4月	1クラスずつ。保育者のエプロンシアター	1クラスずつ。保育者のエプロンシアター	年長2クラス合同。保育者の劇
5月	1クラスずつ。保育者の指人形	年中2クラス合同。保育者のペープサート	年長2クラス合同。ジャンケンゲーム
6月	年少組2クラス合同	年中組2クラス合同。保育者のパネルシアター	年長2クラス合同。各クラスの企画
7月	年少組2クラス合同	年中・年長組2クラス合同。保育者の出し物	
8月	年少組2クラス合同	年中・年長組2クラス合同。保育者と年長企画進行ゲーム	
9月	年少組2クラス合同	2クラス合同（縦割りクラス）。年長1クラス企画・進行	
10月	年少組2クラス合同	2クラス合同（縦割りクラス）。年長1クラス企画・進行	
11月	年少組2クラス合同	年中・年長組4クラス合同。年長組企画・進行	
12月	年少組2クラス合同	年中・年長組4クラス合同。年長組企画・進行	
1月	3学年合同		
2月	3学年合同		
3月	3学年合同		

　誕生会の当日には、年長組の誕生児は一段高い場所に立って、緊張しながら「大きくなったら何になりたいですか？」などといったインタビューに答える。この日ばかりは、誕生児が大きな脚光を浴びる主役である。

　各クラスでは、保護者から誕生したころなどの写真を見せてもらいながら、小さいころよく泣いていたことや病気ばかりしていたことなどのエピソードを聞きつつ、誕生児への親しみや家族に大切にされて育ってきたことを保育者もほかの幼児たちも感じとる大切な時間でもある。また、クラスの仲間から誕生児の素敵なところをそれぞれ言い合うほほえましい姿もみられた。

A園における誕生会から、誕生児には次のような気持ちが育っているのではないだろうか。
・自分が大きくなったことを実感する。
・園の先生や皆から祝福される喜びを味わう。
・自分が家族から大切にされて育てられたことをうれしく感じる。

誕生会は誕生児だけでなく、参加する子どもみんなにとっても意味のあるものでなければならない。出し物をする役をこなすことができた充実感であったり、それぞれが役割を果たすことで一つのことを達成する喜びを味わったりすることが大切である。

2 運動会の取り組みのなかから

大規模な園と小規模の園では、運動会のような大きな行事の取り組み方に違いが出てくる。同学年クラスが複数あるような大きな園においては、クラスごとの調整役として保育者が互いの子どもの様子を伝え合って、進めていく必要がある。そしてより細やかな打ち合わせが望まれる。

事例7　運動会の話し合い

各学年1クラスの小規模のF園では、子どもたちの考えを取り入れながらの取り組みがしやすく、どんどん自分たちの考えを入れながらの取り組みであった。

運動会にどんなことがしたかという話し合いの時、「ずっと前の年長さんがやっていたリレーがやりたい」という意見が出た。しかし担任保育者としては、体のバランスがとりにくく速くは走れないGくんの存在が気がかりであった。しかし子どもたちはやりたい気持ちから、バトンを準備し園庭を走り続けていた。

最初のころは、自分のチームが勝ちたい気持ちが強く、チームを決める時には、足の速いHくんと同じチームになりたいと言う思いが強かった。「Hくんと一緒のチームがいい」と足の速い子がそろってしまい、いつも同じチームが勝つことになり、何となくリレーがつまらなくなる。そんな折、「HくんとYくん（2番目に速いと思われている）の間にGくんがくるっていうのは？」「HくんがGくんを迎えに行ったら（Gくんの走る距離を短くする）？」などの考えが出される。

運動会までには、Gくんが鉄棒のところまできたらHくんが迎えに行くというルールが決まり、取り組んでいった。リレーを繰り返すなかで、自分たちで考えを出し合い、クラスの誰もが楽しめるリレーにしていくことができ

た。リレーを自分たちの遊びとして何度もやってきたなかから、どうしたらみんなで競い合って楽しめるかを考える姿になってきたのだろう。

クラスのみんなが、一人ひとりの持ち味や個性をわかり合って、どうするとみんなが楽しめる運動会になっていくかを考えながらの取り組みとなっていったのである。

「みんなでつなひきをしたよ」

保護者にこうした行事を通して、その意味を理解してもらいながら、ともに子どもの成長を喜び合うことができるようにしていくことが大切である。ちなみに、運動会の後、保護者のアンケートには次のようなものがあった。

保護者からのアンケートより
☆運動会から帰ってきたわが子の第一声が「あーあ、楽しかった！」でした。そんな言葉が聞ける運動会に参加できたことが、うれしかったです。
☆年長組になると競い合う楽しさを知り、勝つ喜びとともに、負ける悔しさを感じることはとってもいいことだと思いました。

★事例から考える学習のポイント
・それぞれの学年で、運動会の行事を通して育てたいことは、何だろうか。
・保護者には、どのような子ども理解をしてほしいか考えてみよう。

3 作品展の取り組みのなかから

作品展においては、一人ひとりのよさが表現されたものであり、材料も自分のイメージにぴったりのものを選択したものでありたい。思いをのびのびと表現し、生活や遊びのなかから心に残ったことや感じたことを自由に表した作品展が望まれる。

ある作品展には、うんていをしている腕に、力こぶが左右に1つずつかかれた絵があった。その絵のコメントには「ぼくのきんにくすごいでしょ」と書かれており、うんていができるようになった子どもの喜びがあふれている。また、年少組のうれしそうな家族の絵の下には、「ママとパパとおでかけしたの」と子どもの気持ちがそのまま書き添えられていた。作品を見に来た保護者にも、わが子の心のなかが伝わる見せ方である。作品展によっては、保育者の提案したテーマに対しての画一的な作品が並んでいることに出会うことがあるが、この作品展には画一的なものは1つもなく、一人ひとりの個性と思いのあふれる絵ばかりであった。

こうした作品展を開くためには、何よりも日ごろの生活や遊びが充実して楽しいものであることが大前提である。そして各年齢における表現の特徴（表4－3）を理解し、のびのびと描いていける雰囲気づくりも重要な要素となっていくだろう。

表4－3　各年齢における表現の特徴

3歳児の表現の特徴	腕を思いのままに動かしてなぐりがきを楽しんだり、描いたものを自分なりに見立てたりする。「ママ、だーいすき」「パパの車」などと言いながら楽しんで描いていく。
4歳児の表現の特徴	興味や関心のあることを感じたままに表現するようになる。またいろいろな色を使いながら、思いついたことを次から次へと楽しんで描いていく。
5歳児の表現の特徴	見たことや感じたことや心に残ったことなどを、楽しんでどんどん描いていく。印象に残ったことからさらにイメージを広げ、次々に細かなところまで表現しようとする。

　こうした特徴をふまえて、子どもらしさのあふれる作品展をつくり上げ、保護者や地域の人たちにも子どもの表現のすばらしさを感じてもらい、また感じたことを子どもに伝えていくことで子どもたちの自信となり、さらに表現する意欲につながっていくことを期待したい。

4 生活発表会への取り組みのなかから

　　事例8　「パワーが伝わったんだね！」
　G園では毎年2月中旬に生活発表会を行い、保護者に参観してもらう。そのなかでJくんは劇をやることになり、ストーリーをみんなで考えていくうちに、お化け役をLくんとやることになった。最初は恥ずかしくて言葉が出ず、Lくんに寄り添い真似をしていたJくんであったが、だんだん大きな声でせりふが言えるようになってきた。
　今日は発表会までに残り1週間となり、小さい組に見せる日である。ところがLくんが通院のために、登園が遅くなるとの連絡が入った。保育者はクラスのみんなが集まったところで、Lくんが遅刻することを話した。
Aくん：「えっ、お化け役Jくんひとり！」と、やや心配そうに言う。
保育者：「そうなんだよね」
Jくん：「ぼく、ひとりで大丈夫」とあっけらかんとした表情で言う。
みんな：「へぇ」「そうなんだ」「本当に大丈夫？」とそれぞれにさまざまな
　　　　表情を浮かべる。
保育者：「そうだね。JくんがLくんの分までがんばってくれるんだよね。
　　　　みんなもLくんの分までがんばろうね」と励ます。

第4章　行事活動の指導方法・援助

　発表は無事に小さい組の前でできた。「どきどきしたけど楽しかったよ」「Jくん1人だったけど大きな声で（せりふが）言えてたね」「がんばってたね」などの言葉が飛び交った。やがて遅れてやってきたLくんが話に加わる。
Lくん：「ぼくさ、Jくんが1人で大丈夫か、ずっと病院で心配していたんだよね。車のなかでもさ」とやや興奮気味に話す。
保育者：「そうか！Lくんのパワーが病院からJくんに伝わったから、Jくんが1人で素敵にかっこよくやれたんだね」
　「うんうん」といううなずきや笑い声がクラス全体に伝わった。Jくんは、みんなに認めてもらってとてもうれしそう。認めているみんなもうれしそうな表情。この何ともいえないすがすがしい雰囲気がいいなと感じるひと時であった。

　こうした行事への取り組みのなかから、一人ひとりが目標に向けてがんばろうとする気持ちや、クラスの仲間から認められていく経験が生まれていく。担任が感じた「すがすがしさ」というものは、きっとクラスのみんなが感じた一体感なのではないだろうか。当日の発表会の出来がよかったか悪かったかということではなく、取り組みの過程を大切にし、その取り組みの過程で経験したさまざまなことを保護者にも伝え、ともに喜び合っていきたい。
　ちなみに、このクラスは歌を歌うことが大好きなクラスであり、歌の練習にも取り組んでいた。発表会の後、Mちゃんが「何だか、今までで一番声がそろってきれいだったね」と言ったので、保育者も「ほんとね。先生もそう感じたよ」と返す一幕があったという。
　このように、みんなの気持ちがそろううれしさを感じていくことが大切である。

　事例9　「続きがしたいね」－話し合い－
　　H園では、仲間意識が深まる3学期に、クラス全体で共通の目的をもって取り組める生活発表会を行っている。年長組では、どんな発表会にしたいか話し合って決めていく。2学期にしていたお化けごっこの遊びをしたいと考えているグループや、昨年の年長さんがやっていた『エルマーのぼうけん』の劇がしたいというグループもある。
　　あるグループでは「ずっと前にした人形劇の続きがしたいね」と相談が始まった。森に住むいろいろな動物たちの話にしたい思いはあるが、人数も8人となると話がまとまりにくい。保育者も子どもたちがどんな人形をつくって、どんな話にしたいと思っているのか考えを聞きながら、いろいろな材料があることを知らせ選択できるようにしていく。
　　人形が少しずつ出来上がってくると、自分の分身のような人形をもってい

ることがうれしくて、次々といろいろなストーリーが生まれてくる。「森に行って迷子になって、おなかがすいたってことは、どう?」「木の実を見つけてとりに行くってこと?」などと、次々と考えを出し合っていく。

5 人形劇の取り組みのなかから

> **事例10　自分の役割と友だちの役割**
> Nくんは「こうしたい」という思いが強くて、どんどん自分なりのイメージを推し進めていこうとするタイプだった。最初は周りの子どもたちもNくんのリードで進んでいくことが楽しかったが、次第に意見が言えない不満も感じ始めていた。そこで保育者が、小さい声でつぶやいているMちゃんの考えを「その考えいいね」と取り上げながら、みんなで自信をもって話し合うことでより楽しいものになっていくことに気づいてほしいと願った。
> ある日、NくんがMちゃんのせりふを言おうとした時、「それはMちゃんが言うってことに決めたよね」と周りに訴えられた。Nくんはそう言われたことで、友だちの役割であることに気づくことができた。Mちゃんにとっても自分の役割がはっきりしたことで、自分もしっかり言わなくてはいけないことを感じとっていった。

　このように、それぞれの役割に責任をもって果たそうとする気持ちの重なりは、1つのことを友だちと力を合わせてやり遂げていくためには大切な要素である。
　こうして1つの目的に向かって友だちと一緒に取り組みながら感じたこと、考えたことを受け入れ合い、役割を果たしていく充実感を味わうことは、仲間との集団生活の高まりにおいても、個々の発達にとってもとても大切な経験であることを実感した。
　劇を進めている別のグループでは、生活発表会が近づいたある日、ふざけている2人がいた。すると「ちゃんとやってよね」と2人に怒っていうJくんがいた。2人は「悪かったかな」と感じて、その後は真剣に取り組もうとしていたという。
　こうした子どもたち同士で注意しあう様子や、真剣にやらなくてはと思えることで「今日はうまくいったよね」「たいこの音を出すところ、うまくいったよね」と認め合う姿になっていった。このようなかかわりを通して、お互いのよさを知り、気持ちがそろう心地よさを感じとっていった。

6 保護者とのかかわりのなかから

発表会の数日後、保護者からこんな手紙が届いた。

> 発表会の時に撮ったビデオを家族で見ていたら、わが子が「友だちのうつっていないビデオなんてつまらない」というのです。子どものこの言葉にはっとさせられました。大人はついつい自分の子ばかりに目がいってしまいますが、子どものなかには「友だちと一緒にがんばった」という思いがいっぱい詰まっていたのですね。

保護者には取り組みの過程をお知らせしたり、話をしたりしてきた。しかし、当日にはわが子のことで必死になることは当然であろう。見に来ることができなかった家族のためにわが子の姿をビデオにおさめようとする姿も理解しながら、こうして家族でもう一度子どもの経験したことを確認し、行事の意味を理解してもらうことの大事さを考えさせられるエピソードである。同時に、園と家庭との連携の一コマでもある。

また、この事例は、印刷物でのお知らせばかりでなく、子どもの言葉や態度から何が育っているのか気がついていくことの大切さを教えてくれる。

7 地域とのかかわりから

事例11　やきいも会で感謝を

ある園では、地域のおじいちゃんに野菜の植え方や育て方を教えていただいている。サツマイモの苗もおじいちゃんからいただいて、植え方も教わりながら育てたサツマイモである。

秋になり、そろそろサツマイモ堀をして、やきいも会をすることとなった。苗をいただいたおじいちゃんや近所の未就園児をもつ家庭にも案内を出した。

子どもたちは、昨年の年長組がしていたことを思い出しながら、役割を分担し準備を進めていった。保育者と一緒にリヤカーで近所の木工店に木切れをもらいに行ったり、公園の落ち葉を拾い集めたり、消防署へ届けを出しに行ったりして準備を進めた。また、近隣の家や小学校に、焚き火をするので迷惑がかかるかもしれないことの手紙を配った。子どもの手書きの手紙

> を配ったのである。
> 　やきいも会の後には、感謝の気持ちを込めて近隣に子どもたちがやきいもを配った。近隣の方々に声をかけてもらった子どもたちはうれしそうに園に帰ってきた。

　こうした行事を通してかかわることができた地域の人々は、子どもたちが大きく成長していくうえでかけがえのない存在となっていくことと思う。

　以上、さまざまな行事について、子どもたちがそれを経験することで何が育っていくのか考えてきた。子どもたちの生活にとってこの行事が何の意味があるのか問いかけ、行事を見直したり精選したりしながら、子どもたちにとって行事が日ごろの生活に変化と潤いをもたらすために欠かせないものであることを意識し、指導していくことが大切である。

【参考文献】
　文部省「保育要領」1948年
　文部科学省『幼稚園教育要領解説』フレーベル館　2008年
　豊田和子編『実践を創造する　演習・保育内容総論』みらい　2011年
　河邉貴子『遊びを中心とした保育　－保育記録から読み解く「援助」と「展開」－』萌文書林　2005年
　師岡章著『保育指導法 ―幼児のための保育・教育の方法』同文書院　2007年

第5章　プロジェクト活動の指導方法・援助

　本章では、幼児教育と小学校以上の教育との接続のための保育のあり方やその指導方法について学びます。幼児教育において就学への接続は、今日大きな課題となっています。そのなかで、小学校教育への円滑な移行のために、主に5歳児を対象に「協同的な学び」と呼ばれる取り組みの必要性が指摘されています。「協同的な学び」とは、幼児同士が共通の課題に向けて協力、工夫して解決する活動です。また、「協同的な学び」とともに、「プロジェクト活動」と呼ばれる取り組みも注目されています。

　なぜ、いまこれらの活動が必要とされているのでしょうか。また具体的にどのような方法で活動は展開されるのでしょうか。世界でも注目されている「プロジェクト活動」の意義やその指導方法から、就学への接続のための指導・援助の方法について考えてみましょう。

1 就学の接続のために育むべき力とは

|1| 学校教育への円滑な移行

　今日の幼児教育の大きな課題の１つに、保育所や幼児期での教育と小学校以上での教育との接続の問題がある。2005（平成17）年１月に出された中央教育審議会（以下、中教審）答申「子どもを取り巻く環境の変化を踏まえた今後の幼児教育の在り方について ―子どもの最善の利益のために幼児教育を考える―」では、「小学校教育との連携・接続の強化・改善」を今後の幼児教育の具体的な方策の１つにあげ、次のように述べている。

> 　遊びを通して学ぶ幼児期の教育活動から教科学習が中心の小学校以降の教育活動への円滑な移行を目指し、幼稚園等施設と小学校との連携を強化する。特に、子どもの発達や学びの連続性を確保する観点から、連携・接続を通じた幼児教育と小学校教育双方の質の向上を図る。

　幼児期の教育は「環境を通して行う教育」を基本として、幼児の意識の流れに沿った園生活が営まれるが、小学校教育では時間割に沿った教科等の学習が中心となる。そうした生活や学習の違いに子どもたちがつまずくことのないよう、子どもたちの発達や学びの連続性を意識し、幼児教育も小学校教育も互いの教育のあり方を見直す必要性が強調されている。こうした幼児教育と小学校教育の連携・接続が問題となっている背景には、いわゆる「小１プロブレム」の問題がある。小１プロブレムとは、小学校に入学した子どもたちがなかなか学習に集中できない、教員の話が聞けず授業が成立しないといった問題である。この原因が、幼児期までの教育と小学校での教育とのギャップにあるのではないかと言われている。子どもの発達や学びは本来連続的なものであり、幼児期にその先の小学校以上の教育やそこでの子どもたちの生活や学びを見据えて教育を行うという視点は大切である。

　ただし、連続性をふまえ学校教育への円滑な移行を図るということは、幼児期に小学校での学習内容、学習方法を「先取り」するという意味ではない。先の答申では幼児教育の役割について次のように説明されている。

> 　幼児教育は、子どもの基本的な生活習慣や態度を育て、道徳性の芽生えを培い、学習意欲や態度の基礎となる好奇心や探求心を養い、創造性を豊かにするなど、小学校以降における生きる力の基礎や生涯にわたる人間形成の基礎を培う上で重要な役割を担っている。

幼児期は生涯にわたる人間形成の基礎が培われる時期である。幼児教育の役割は、そうした生涯にわたる学習の基礎や小学校以降の教育で育まれる「生きる力」の基礎をつくることである。2008（平成20）年中教審答申「幼稚園、小学校、中学校、高等学校及び特別支援学校の学習指導要領等の改善について」においても、幼児教育と小学校教育との接続について、「幼児教育では、規範意識の確立などに向けた集団とのかかわりに関する内容や小学校低学年の各教科等の学習や生活の基盤となるような体験の充実が必要である」と述べられている。すなわち、子どもたちの遊びや生活のなかで、基本的生活習慣、あるいはルールを守ったり相手の気持ちを考えるなど、集団のなかで他者とかかわる力、ものや人に対して興味をもち探求する心を育むことが、就学の接続のために必要な力として幼児教育に求められている。

2 幼児期と児童期をつなぐ「協同的な学び」

(1) 協同的な学びの位置づけ

では、具体的にどのような教育内容・方法を通して、「生きる力」や生涯にわたる人間形成の基礎を育てるのだろうか。2005（平成17）年の中教審答申では、教育内容の改善として次のことが提起されている。

> 小学校入学前の主に5歳児を対象として、幼児どうしが、教師の援助の下で、共通の目的・挑戦的な課題など、一つの目標を作り出し、協力工夫して解決していく活動を「協同的な学び」として位置付け、その取組を推奨する必要がある。

ここでは、保育者とともに幼児たちが協力しながら、共通の目的や課題に向けて問題を解決していく活動が、新たに就学に向けた教育として位置づけられている。

おおむね5歳を超えた幼児は、仲間とともに遊ぶことを楽しみ、自分たちでルールをつくったり、共通の目的に向けて協力して取り組むことができるようになる。運動会や生活発表会では、仲間と互いの思いを主張し合い、受け入れられたり、時に受け入れられない経験を重ねながら、協力して作品づくりに取り組む姿などが見られる。「協同的な学び」は、そうした共通の目標や課題に向けて集団で協力して取り組む経験をより充実させるものであるといえよう。

(2) 1人ではできない楽しさ・おもしろさ

友だちと協同で何かをつくり出す遊びは、「一人ではできないことが仲間と一緒だからできていく楽しさ、友達の考えや行動を自分の中に取り入れたり、自分

の考えや行動を友達が取り込むことでつながっていく楽しさ、それによって遊びが進む面白さや一体感が生まれていくこと、何かがつくられていくことを感じることやそれによって相手のことや集団の中でのルールの意味を感じること」[1]ができる。つまり、他者と一緒に活動して何かをつくり出す楽しさやおもしろさを味わうこと、またそのためにも相手の気持ちやルールの大切さに気づくことが、「協同での遊びの中の学び」を通して期待されている。

(3) 幼児の主体的な問題解決へ

　さらに「協同的な学び」は、幼児たち自身が1つの目標を作り出し、仲間同士でその課題を解決しようとする活動でもある。つまり、いわゆる設定保育のように、保育者があらかじめ立てた計画にしたがって活動するのではなく、保育者とともに幼児たちが自らの興味や関心から活動をつくり上げていくのが「協同的な学び」である。したがって、「協同的な学び」は、幼児たち自身の興味や関心がより生かされた活動であり、課題に対する好奇心や仲間とともに試したり工夫する探究心、自分たちで問題を解決しようとする自発性や主体性をより育むことができる活動といえる。

2 「協同的な学び」としてのプロジェクト活動

|1| 世界の幼児教育の動向と「協同的な学び」

　前節で見てきたように、わが国では就学への接続のための教育内容の改善の1つとして、「協同的な学び」に対する関心が高まっている。幼児たちが仲間とともに協同的に問題を解決していく幼児教育実践は、わが国だけでなく世界的動向でもある。宍戸健夫氏は、「こうした提案の背景には、幼稚園の遊び中心型のカリキュラムから小学校の教科中心型のカリキュラムの移行を少しでもスムースにしたいという日本の低年齢カリキュラムのあり方をめぐる問題があったと同時に、最近のアメリカやヨーロッパのプロジェクト・アプローチ（プロジェクト型カリキュラム）の潮流が背景にあることを見逃すことはできません」[2]と指摘している。

　近年、アメリカやカナダでは、イタリアのレッジョ・エミリア市（図5-1）の幼児教育実践の影響を受け、「プロジェクト・アプローチ」と呼ばれる実践が展開されている。また、小学校以上でプロジェクトやテーマによる教育が盛んなドイツやスウェーデンでも、幼児教育での「プロジェクト活動」や「テーマ活動」の実践が報告されている[*1]。

＊1　たとえば、角尾和子編著『プロジェクト型保育の実践研究―協同的学びを実現するために―』（北大路書房 2008年）、深澤広明・渡邉眞依子「学習論としてのプロジェクト・アプローチ―ドイツにおける教授学的位置づけと幼児教育での展開―」『幼年教育研究年報 第28巻』（2006年 pp.25-35）などで紹介されている。

なかでもイタリアのレッジョ・エミリア市の幼児教育実践は、わが国をはじめ世界的にも有名なプロジェクト型の実践である*2。レッジョ・エミリア市の幼児教育は芸術教育としても有名であるが、そこでは、「小グループの子どもが、教師とアトリエリスタ（芸術専門家）の援助の下で、自分たちで選んだ主題について、アートによる表現と対話と相互評価とを通して行う共同的探究」3) が行われている。

たとえば、恐竜のプロジェクトでは、恐竜に興味をもち始めた幼児たちに対し、保育者が恐竜の学習をすることを呼びかけ、恐竜の絵を描いたり知っていることを話し合うことからスタートする。話し合いを基に、その後恐竜について詳しく知るために図書館に出かけたり、友だちや親戚を幼児学校に招待する活動、また同時に、粘土や水彩画などで恐竜を表現する活動が展開される。さらに、保育者との話し合いをきっかけに、発泡スチロールや金属を用いたより大きな恐竜づくり、そして最終的には、実物大の恐竜を描いて吊るす活動へと発展する。この一連のプロジェクトのなかで、幼児たちは、たとえば運動場で実際の恐竜の大きさを測定したり、実物大の大きな絵を描くための方法など、課題の達成に向けて生じる問題について、グループの仲間と試行錯誤しながら考え、共同的に作品をつくり出していく4)。

図5-1　レッジョ・エミリア市の位置

*2　日本をはじめ各国で展覧会が開かれ、『子どもたちの100の言葉 －イタリア レッジョ・エミリア市の幼児教育実践記録』（学習研究社 2001年／写真）や『子どもたちの100の言葉 レッジョ・エミリアの幼児教育』（世織書房 2001年）といった書籍も出版された。

レッジョ・エミリアのプロジェクト型の幼児教育実践は、テーマの決定から問題の解決方法、作品づくりに至るまで、幼児たちが保育者とともに共同的に取り組む活動である。こうした幼児たちの興味や関心を生かしながら、保育者とともに幼児たちが仲間と協同しながらテーマに取り組むプロジェクトが、いまや世界各地で行われているのである。

2　プロジェクト活動の特徴

教育実践に「プロジェクト」という考えを取り入れた構想は、20世紀初頭の進歩主義教育のなかで盛んに展開されてきた。とくにキルパトリック（Kilpatrick, W. H. 1871～1965年）がまとめた「プロジェクト・メソッド」の構想が有名である。キルパトリックはプロジェクトを「社会的環境の中で展開される全精神を打ち込んだ目的ある活動」5) と定義している。たとえば、ある女児がドレスをつくろうと思い、自分自身で計画して、友だちなどの社会的環境から助言や刺激を受けながら、独力でドレスをつくり上げることがプロジェクトの典型とされている。すなわち、子どもが何か自分の興味や関心に基づき、自分自身でその問題を解決しようとし、周囲とのかかわりのなかで取り組む活動がプロジェクトである。

こうした歴史的なプロジェクトの定義や今日のレッジョ・エミリアの幼児教育実践から、幼児教育でのプロジェクト活動の特徴をまとめると、おおよそ次の3点をあげることができる。

① テーマ
　まず、幼児の関心、幼児の生活体験に即したあるテーマに沿って展開される活動である。テーマは幼児たちと保育者との対話のなかから設定される。幼児たちは関心を同じくする複数の仲間とともに、自分たちの問題を自分たちの手で解決しようと試行錯誤しながら探究したり、製作・表現活動に取り組む。1つのテーマは幼児たちが十分に問題に取り組むことができるよう、1週間以上、場合によっては1か月以上継続される。

② 保育者の指導・援助
　保育者も問題解決に向けて、幼児たちと一緒に活動をつくり上げていく。その際、保育者は、幼児たちの姿から活動を予測し、方向性やアイディアなど、さまざまな可能性を準備したり提案したりする。

③ 過程重視
　活動の終わり方も保育者と幼児が話し合って決めていく。活動の成果は、多様な表現方法で作品にまとめられるが、取り組みの結果よりもその過程が重視される。

3 幼児教育におけるプロジェクト活動の意義

（1）社会の変容とプロジェクトへの期待

　今日、幼児を取り巻く社会環境の変化が問題になっている。おもちゃなどの既製品があふれた生活、テレビやビデオによる擬似的な他者体験の増加、多様な他者とのかかわり合う機会の減少、自然環境の減少など、幼児の健全な発達を保障する生活体験は不足している。
　一方で、プロジェクト活動は、実物に触れ、試行錯誤しながら幼児自身が実際に調べたりつくったりすることで、行為志向的な経験による学びを保障する。また、園外での体験や地域の大人との交流なども行われ、さまざまな生活体験や地域とつながることも可能にする。そして、諸感覚を働かせながら、創造性豊かに表現するさまざまな表現活動も大切にされる。プロジェクト活動は、現在の幼児たちに不足している生活体験を提供し、多様な体験を通して幼児たちの健全な発達を促すものとして期待されている。

（2）幼児同士の協同性について

　プロジェクト活動は、1人ではなく、仲間とともに問題の解決に向けて試行錯誤する協同的な活動である。ここでの「協同」の意味は、1つには、みんなで1つのことを実現していくための「協力」としてとらえることができる。しかし、5歳児に見られる「協同」には、「協力」だけではない多様な関係性も見ることができる。

　たとえば、5歳児クラスでの次のような事例がある。ほかの幼児たちとなかなか一緒に遊べないAくんが、運動会に向けた取り組みのなかで、障害物競走の「しかけ」として「サボテン」を置きたいと言い出した。Aくんが保育者とともに「サボテン」づくりに取り組んでいると、ほかの幼児たちもAくんの活動に興味をもち始め、一緒に「しかけ」づくりに取り組み始めた[*3]。この事例に見られるAくんとほかの幼児たちとの関係性は、多数決や折れ合いによる「協力」関係ではない。他者の活動や思いに触発されながら、それぞれ自分の活動を発展させていく関係である。単に協力する喜びや自己主張と自己抑制のバランスを学ぶだけでなく、自分と異なる他者を受容しながら自己発揮していくことをここでの「協同」関係では経験している。このことは、互いのよさを認めながら、異質なものとかかわり合う力を育むことにつながるものと考えられる。

＊3　青柳宏氏はこの事例に見られる「協同」は、「子どもが他の子どもの存在（持ち味）を受け入れ、感受性と認識の広がりと深化を実現していく概念」であるととらえている（青柳宏「幼児期から児童期へ・学びをつなぐ」永井聖二・神長美津子編『幼児教育の世界』学文社　2011年 p.65）。

（3）保育者との協同性について

　プロジェクト活動は、幼児相互の協同性だけでなく、保育者と相互の協同性も追求する。幼児たちが追究するテーマも、具体的な活動の計画も方法も、保育者が一方的に与えるのではなく、幼児たちとの共同決定において、あるいは幼児たちの自己決定・自己選択を促すことでつくり出されていく。すなわち、プロジェクト活動では、保育者と幼児との、いわば「対等」な関係が創出される。もちろん、幼児たちと保育者との対等で対話的な関係は、保育者が幼児たちの要求を読み取ったり、要求を促すなどの教育的な配慮によって成立する。プロジェクト活動は、幼児中心か、保育者中心かといった二者択一の関係性とは異なる保育者と幼児たちとの関係を提起するものである。

　こうしたプロジェクト活動の考えは、保育者と幼児の関係性だけでなく、新たなカリキュラムのあり方をも提起している。今日、小学校以上の教育も含め、カリキュラムの考え方が「プログラム」から「プロジェクト」へ大きく変化していると言われる[6]。これまでのカリキュラムは、あらかじめ設定した教育目標が達成されるように、与えられた教育内容をいかに伝達するかを計画した「プログラム」であった。しかし、今日のカリキュラムの考え方では、子どもたちに学ばれる教育内容は、あらかじめ決められたものではなく、教室のなかで創造され構成されるものとしてとらえられている。すなわち、カリキュラムはあらかじめ「計

画」されるのではなく、子どもとのコミュニケーションを通してつくり出されるものだと考えられている。幼児教育におけるプロジェクト活動も、あらかじめ計画があるのではなく、幼児とともに活動をつくり出していくものであり、まさに新たなカリキュラムの考えを実現するものである。

（4）幼児期における知的な学び

今日、世界各地で進められている保育改革のテーマは、「新しい時代を生き抜く知的教育のあり方」[7]の探究であるという。知的教育というと、小学校以降の教科学習の準備のための教育がイメージされるかもしれない。しかし、幼児期における知的教育とは小学校の準備教育のことではない。幼児たちが興味をもって何かを「比べたり調べたり、一定の基準でデータを集めること」[8]など、幼児たちの遊びのなかに見られることが、幼児期の知的教育の機会となる。

プロジェクト活動のなかで、幼児たちは興味をもったことや疑問に思ったことを追究し、納得していく。それはまさに、知的な学びのプロセスである。レッジョ・エミリアの恐竜のプロジェクトでも、実物大の恐竜の絵を描くために、教室にあった棒を使って長さを調べたり、紙に線を引きながら絵を拡大する方法を考える場面が登場する。プロジェクト活動を通して、幼児たちは自分なりに論理を導き出すおもしろさも体験しているのである。

3 協同的な学びの指導・援助の視点とポイント

1 プロジェクト活動における保育者の役割

プロジェクト活動における保育者の役割は、「演出家のような役割」[9]であると言われる。それは、幼児たちの要求や関心を引き出しながらも、ただ計画にしたがってあらかじめ決められた目標や内容を伝えるだけの役割でもなく、幼児たちの自発性を引き出すように環境を構成するだけの役割でもない。演出家が役者とともに1つの作品をつくり上げていくように、保育者は幼児たちと一緒に実践をデザインし、創造していく。

プロジェクト活動は、保育者が幼児と一緒に活動をつくり上げるので、あらかじめ決まった計画があるわけではない。しかし、だからといって、まったく何も計画されていなかったり、幼児に活動を完全に任せてしまうわけでもない。むしろ、保育者や大人の援助や助言があってこそ、幼児たちの研究的活動が価値づけられ、方向づけられ、プロジェクトはさらに発展する。プロジェクト活動においても、保育者の積極的な関与は不可欠なものである。

2 プロジェクトの展開と方法

(1) プロジェクト活動のプロセス

プロジェクト活動のプロセスは、おおむね「目的→計画→実行→評価」のサイクルをとる。このサイクルは、先述のキルパトリックのプロジェクト・メソッドのプロセスと同様である。キルパトリックはプロジェクト・メソッドの過程を、「目的を立てる (purposing)、計画する (planning)、遂行する (executing)、批判する (judging)」[10]の4つの段階にモデル化している。このプロジェクトの段階は、キルパトリックに影響を与えたデューイ (Dewey, J. 1859～1952年) の反省的思考のプロセスに基づくものである*4。すなわち、解決すべき問題に対し目的意識をもち、問題解決を進めるための計画を立て、資料を集めたり製作することを通して実際に問題解決を進め、その結論を検証・検討し反省するという、人間が問題解決に向け思考し、行為するプロセスに沿ってプロジェクトは展開される。

(2) 目標段階 －テーマの設定－

プロジェクトのテーマは、基本的には「全精神を打ち込む」ことができるような幼児たちの興味や関心に従い、幼児たち自身によって選択される。たとえば、先述のレッジョ・エミリアでの恐竜のプロジェクトでは、幼児たちが本やテレビ、おもちゃなどを通して恐竜に興味をもち始め、家庭から恐竜のおもちゃをもってきて遊ぶようになったことから、恐竜の製作プロジェクトに発展した。ここでは、家庭や日常の生活のなかで生じた興味や関心がプロジェクトのきっかけとなっている。しかし、プロジェクトのきっかけは、幼児たち自身がもたらすものだけではない。ほかにも大きく次の2つの方向性がある[11]。

① 状況のなかから生まれるプロジェクト

日常の保育のなかでの偶然の出来事からプロジェクトのきっかけが生まれ、自然な成り行きでプロジェクトに発展することがある。たとえば、幼児たちが保育者とともに公園に散歩に出かけ、そこで老婦人に出会ったことがきっかけで、老人ホームと幼児たちの交流が始まる。そのなかで、庭師などの地域のさまざまな職業の人々と出会い、一緒に手仕事をするようになる。その縁で幼稚園の庭にグリルコーナーをつくるプロジェクトにまで発展していく。この事例では、地域の人々との活動はあらかじめ計画されたものでなく、偶然の出会いから交流を進めるなかで幼児たちの興味・関心も高まり、プロジェクト活動に発展しているといえる。

② 保育者の提案から生まれるプロジェクト

幼児たちの興味や関心は、時に保育者の準備した環境や、保育者からの直接的

*4 デューイは思考することと行為することを統一的にとらえ、①困難を自覚する、②困難がどこにあるか突き止め、問題点を明らかにする、③可能な解決に対する示唆を得る、④示唆の背後にある意味内容を推論し、発展させる、⑤さらに進んだ観察や実験により、解決策を信頼するかどうか決断する、といった反省的思考のプロセスを明らかにした (Dewey, J. "How We Think". 1910, p.72.)。

な提案からも生まれてくる。保育者の関心や得意分野を生かしたテーマであっても、幼児たちの関心や興味を呼び魅力的なものになれば、プロジェクトへ発展していく可能性がある。

　いずれにしても、保育者が日ごろから幼児の遊びやかかわりの様子、幼児の会話などから幼児たちの関心について情報収集を行い、幼児たちの「思いつき」や「つぶやき」を拾うことが、プロジェクトを生み出すきっかけになる。また、プロジェクトのテーマは、保育者からの一方的な提案だけで、あるいは、幼児たちの興味だけで選択するのではなく、保育者と幼児たちとで追究したいテーマを話し合って選択する。そうすることで、プロジェクトのテーマが幼児たちの興味に応じ、かつ、幼児たちの先行経験や発達のレベルに即したものとなる。

(3) プロジェクトの計画から実行へ
① 具体的な計画を立てる
　テーマが決まっても、具体的にどのような活動をするのかということは、幼児一人ひとりのなかにイメージされていなかったり、幼児たちの間で共有されていないことも多い。テーマに取り組むためには、いきなり観察や実験に入るのではなく、具体的にどのように活動を進めていくのかの「見通し」をもつ必要がある。恐竜のプロジェクトでは、まず幼児たちが恐竜の絵を描いたり、知っていることを話し合うことから始めている。話し合いのなかで言葉を使って、あるいは、絵などの「見える」形に表現しながら、テーマに対する自分の仮説や解釈を交流し合い、具体的にどのような活動が必要なのかを明確にすることが、プロジェクトの計画段階での保育者の役割である。

② 学びの共有化を促す
　プロジェクト活動では一人ひとりが目的をもって自発的に活動に取り組むだけでなく、「持続的で効率的な伝え合いが可能となり、複雑な相互作用や建設的な対立と、自己制御的な適応が生じやすい」[12]ように、小グループで作業を進めるのがよいとされる。そのため、計画の段階で、幼児たちが互いにかかわり合えるようにグループをつくることや、その構成メンバーについて考えるよう働きかけたり、場合によっては保育者から提案することもある。
　実際に作業を行う際には、幼児たちがお互いの活動に関心をもつよう仕向けたり、探究活動の進行途中にも相互批評の場を設けることで、グループやクラスのなかでのかかわりが生まれる。レッジョ・エミリアのプロジェクトでは、「個人の中で形成される発見や学びの世界を、常に『共同化』させる」[13]保育者の働きかけが見られるという。話し合いや探究活動のなかで見られる幼児たちの認識

の違いを保育者が取り上げて交流させることで、幼児たちが両方の視点の必要性を感じたり、それまであいまいだった認識を確かなものにすることができる。言葉に表されない部分も含め、幼児たち一人ひとりの思いや認識を読み取り、その違いを大切にしながら、学びを共有化する姿勢が保育者に求められる。

③ 幼児の認識を深め、世界を広げる

プロジェクト活動や協同的な学びは、幼児たち自身が問題解決に向けて工夫したり試したりする活動である。そのため、望ましい結果にならないとわかっていても、保育者は幼児たちの自発的な試みを見守り続ける。しかし、だからといって、幼児たちが必要としている情報を伝達したり、対立する視点や異なる例を示すといった保育者の働きかけが否定されるわけではない。試行錯誤しながら解決方法を選び取っていくのはあくまで幼児たち自身ではあるが、園外での体験や地域社会との交流などのより開かれた学びや、測量、概算、メッセージづくり、資料収集などの知的な学びも視野に入れて保育者が環境を準備したり提案をすることで、幼児たちの学びを刺激し、認識を深めることができる。

(4) 成果の評価

プロジェクト活動では、常に自分たちの仕事を振り返ることも大切にされる。その日の作業が終わった時、あるいは、ある活動の節目に、グループやクラスで幼児たちは自分たちのしてきた仕事を振り返る。

振り返りの手段には、幼児たちが生み出した作品や幼児たちの言葉ややり取りの記録（ドキュメンテーションなど）が用いられる。活動の節目では、これらの記録や作品が家族に活動の様子を伝える展示としても利用される。また、展示だけでなく、活動を紹介するイベントを行い、劇や説明、音楽、踊りなどさまざまな表現方法で保護者や他のクラスの幼児たちに発表する方法もある。自分の活動をほかの人に伝えようとすることで、自分の考えを整理し振り返るといった自己評価にもなる。

振り返りの視点は、目に見える結果よりも、それまでの活動の過程が重要である。振り返りのなかで、幼児たちは、遭遇した障害や疑問、解決策、残された課題について再考し、自分はどうすればよかったのか、これからどうしたらいいのかの見通しをもつことができるようになる。

こうした自己評価や他者評価は、幼児たちが自分の努力や進歩の価値を自覚し、有能感を高めることにもなる。保育者にとっても、評価活動を通して幼児たちに何が育っているか、目的は達成されているのかを振り返ることができる。

4 実践事例から学ぶ

1 生活体験から生まれたプロジェクト活動

　園生活では行事にかかわる活動も多く展開される。次の事例は、七夕の行事に向けた活動の一環で行ったプラネタリウム見学がきっかけとなり、プラネタリウムづくりのプロジェクトに発展した例である。このプロジェクトは5日間継続された。

> **事例1　「空と星のプロジェクト」（5歳児）**
>
> 　男児13名、女児11名、計24名の年長児クラス。自己主張が強く、友だちとのトラブルも多い。自分中心の子どもが目立つ。4月に始めたドッジボールは子どもたちだけで遊べるようになったが、まったく興味を示さない幼児もいる。当番活動には意欲的で、小さい子どものお世話係はどの子どもも喜んで行っている。
>
> 　七夕の行事に向けて星空に興味・関心をもたせたく、プラネタリウムの見学に行った。プラネタリウム見学では、保育者が思っていた以上に子どもたちは星座や宇宙に関心を示した。そこで、プラネタリウム見学の翌日、プラネタリウムづくりを保育者の方から提案しようと、子どもたちとの話し合いをもった。
>
> 保育者：「みんなはプラネタリウムを見たんだけど、どうだった？」
> みんな：「楽しかった」「もう1回見たい」
> 保育者：「あ、もう1回見たい？」
> Aちゃん：「きれいだった」
> 保育者：「もう1回見たいよね。でももう1回行くね、電車で行くお金がないのよ。そこで、お金を使わずに行ける方法を考えました」
> Bちゃん：「つくるの？」
> 保育者：「あっ、いいこと言った。つくろうかなと思ったんだけど、どう？」
> みんな：「つくるの！」「楽しい」「無理」「工事現場みたいにやる」
> 保育者：「工事現場みたいにやるってどういうふうにやるの？」
> Cちゃん：「おうちをくぎで建てたり…」
> 保育者：「おうちを建てるのは無理だから、どうしたらプラネタリウムになるかね？」
> Dちゃん：「えっと、（黒いビニールを見つける）それで何かつくる」

保育者：「これをね？」
　　みんな：「部屋のなかを真っ暗にする」「この電気も消して、窓も閉めて、
　　　　　　カーテンも閉めて…」

　話し合いの結果を基に、ビニール袋とシール状のテープを使ってプラネタリウムづくりを始めた。保育者の提案でグループに分かれて作業を行った。テープを天の川に見立てる子、星座の形をテープで表す子、テープを細かく切って地道に貼り続ける子など、同じ素材でもさまざまな表現方法が見られた。グループに分かれていたものの、ただ一緒の場にいるだけの子どももいる。友だちの様子を見ながら、それぞれ自分の気に入った表現活動を楽しんでいた。
　次の日も活動は継続され、2人組で役割分担して惑星に見立てた発泡スチロールの玉を飾る活動も加わった。3日目、今までつくったものを天井から吊るして暗幕を張った。子どもたちは自分たちが体験したプラネタリウムに近づいてきたため満足そうであった。保育者はさらに、「もっとプラネタリウムらしくするにはどうしたらいいか考えてきてね」と、これからどう発展させていくか子どもたちに投げかけた。
　4日目、子どもたちと次の展開について話し合い、年下のクラスの子どもたちにも見せてあげたいという意見が出た。そこで、プラネタリウムごっこへ発展させることになった。そのためにはチケットが必要だと言って、大半の子どもたちはチケットづくりの活動を始めた。
　5日目、「ファンタジーコンサート」と「ファンタジープラネタリウム」という会場を設け、完成したプラネタリウムへ年下の子どもたちを招待した。会場の受付係はグループで担当し、得意げにチケットを受け取っていた。コンサートでは星にちなんだ歌や鍵盤ハーモニカの演奏を、自信をもって披露した。

　この事例では、プラネタリウムを部屋に再現しようという提案は保育者からなされている。活動の最初に用いたテープは、すでに別の活動で幼児たちが使ったことのある馴染みのある素材である。保育者は、季節の星や空の様子への関心を高めてほしいとの思いからこのプロジェクトを幼児たちに提案している。活動の途中（初日と4日目）でも、保育者から星座の話を話題にしたが、実際の製作活動にはほとんど生かされていない。しかし、このプロジェクトが終了してから、幼児たちは空の様子を保育者や友だち伝えたり、星や雲、天気などの図鑑や絵本を興味深く見るようになったという。
　幼児たちは全員が同じ活動をしているわけではない。テープで星座を描く者、

細かい星をつくる者、惑星の飾りをつくる者、チケットをつくる者などさまざまである。しかし、全員がプラネタリウムをつくって、年下の子どもたちを招待するという共通のめあてをもって、それぞれの関心に基づいて活動が展開されている。

★事例から考える学習のポイント
・なぜ保育者はプラネタリウムづくりを提案したのだろうか。
・保育者はどのような教育的配慮によって、幼児たちとの対話的な関係を築いているだろうか。

2 物語を出発点とした一年間のプロジェクト

幼児たちの興味・関心が継続されると、一年間、1つのテーマのもとで展開される大きなプロジェクト活動も可能となる。以下に取り上げる事例は、クラスの幼児たちのお気に入りの絵本『オズの魔法使い』[*5]をテーマに、一年間にわたりさまざまな活動が展開されたプロジェクトである。事例2-①は、プロジェクトのはじめのころの幼児たちの様子を示している。

*5 バウム作（堀内誠一絵・岸田衿子訳）『オズの魔法使い』（世界文化社 2001年）。1900年に出版された児童文学の名作。少女のドロシーは家ごと竜巻に飛ばされて遠いオズの国へ。ブリキのきこりや弱虫のライオンたちと友だちになり、願いを叶えてくれるという魔法使いのいるエメラルドの都をめざす。

> **事例2-① 「オズの友だちづくり」（5歳児　6月）**
>
> 4～5月の午睡の時間、毎日いろいろなお話に触れてきた。『オズの魔法使い』の話も、子どもたちのお気に入りの1つであった。魔法の世界にやってきたドロシーが3人の仲間と出会い冒険の旅に出かけるお話は、子どもたちの冒険心をかき立て、ドキドキわくわくする内容が盛りだくさんである。お話がきっかけとなり、子どもたちは夢を膨らませて空想の世界に入り、「もしも……だったら！」と遊びが広がり始めた。
>
> 6月、2人組になって寝転んで体を型取り、ブリキやかかしなど、「オズの魔法使い」の登場人物をつくる遊びを楽しんだ。すると、つくった登場人物に服を着せようということになり、グループになって紙を切って貼る服づくりに発展した。「私はちぎる役よ」「私はセロテープきる！」「じゃあ、私が貼るよ！」と、話し合いのまとまったグループはどんどん作業を進めることができた。
>
> そんななか、「Aくんばっかりが好きなようにして、せっかくつくったのをこわしてくる」「いつも、ぼくは我慢しとるんよ！」とBくんが涙を流しながら訴えてきた。クラスの男の子のなかに、友だちを思い通りに従えてはルールを決めてしまうAくんがいた。Bくんは、Aくんに対して自分の思いを伝えられず、ずっと我慢をしてきた。我慢を重ねてきたBくんは、あまり

に自分勝手にしている友だちのAくんに怒りをぶつけたのである。担任としては、自分の思いを初めて声にして伝えた勇気がとてもうれしかった。Aくんは、しばらくは受け入れられず、「うるさいよ！」「もうやめた」といい、手を止めてしまった。自分の思うようにいかないもどかしさをどう受けとめてよいのかわからない様子であった。

　それでも、つくりたいという思いは強いようで、「ライオンの髪のところはこうしたい」と自分の気持ちを伝え始めた。担任は、いつけんかになるかとハラハラしながら見守っていたが、しばらくすると、いつもは仲間を従えていたAくんが、Bくんの思いを受け入れ、また仲間に入ってつくり始めた。友だちと一緒につくることのおもしろさを感じ、折り合いをつけた姿に一歩前進した子どもたちの心を感じることができた。

　このクラスは、前年度の年中クラスの時に、『かっぱおやじ』*6のお話をテーマにした活動に一年間取り組んできた。お話の世界のイメージを膨らませる経験は十分に積んできている。『オズの魔法使い』のプロジェクトは、「友だちづくり」の後もさまざまな活動とともに展開されている。たとえば、スイカ畑を動物から守るために、自分たちでつくった「かかしくん」を畑にもっていったり、「かかしくん」が寂しくないように花火の絵を描く活動が展開された。砂場遊びでも「ここはオズの国のカッパ池」「ここは弱虫ライオンが住む森にしよう」といったやり取りが見られた。さらに、運動会での竜の踊り、発表会での劇づくり、そして卒園式まで『オズの魔法使い』の世界での活動は続いていく。

　事例2－①は、製作を中心としたプロジェクト活動のなかで、幼児たちが互いの思いをぶつけ合いながら折り合いをつけていった様子が描かれている。この保育者自身も分析しているように、プロジェクト活動を通して、Aくんは自分の思いを主張するだけでなく、自己制御することを経験している。友だちと一緒につくるおもしろさやイメージを見える形に表現すること自体のおもしろさが、Aくんのかかわりを変えていったといえよう。

*6　安曇幸子・吉田裕子・伊野緑（作・絵）『でた！ かっぱおやじ』（サンパティック・カフェ 2002 年）。かっぱの世界を飛び出して保育園にやってきたかっぱおやじ。隠れて悪さをし放題のかっぱおやじに対して子どもたちは……。本書は保育実践から生まれた絵本であり、絵もお話もすべて保育士によってつくられている。

★事例から考える学習のポイント

- プロジェクト活動のなかで、幼児たちのどのような協同の姿が見られるだろうか。場面をあげて、考えてみよう。
- 物語（ファンタジー）をプロジェクトのテーマにする意義はどこにあるだろうか。

　次の事例2－②は、『オズの魔法使い』のプロジェクトの最大のヤマ場となった発表会に向けた取り組みの様子である。幼児たちは、夏の終わりに、お話に出

てくる竜をみんなでつくり、それを使って踊るという活動を行った。活動は幼児たちに任され、グループでつくるものを決めて取りかかった。発表会は、この竜の踊りを運動会で披露した後の行事である。

事例2－②　「オズの魔法使いの劇づくり」（5歳児　11月）

「先生！　運動会がすんだら今度は発表会だね！　何する？　オズをしようよ！」

運動会が終わると、次の発表会で『オズの魔法使い』の劇をしようという声が子どもたちの方から出てきた。子どもたちは、運動会に現れた竜がまたドロシーの家を飛ばしてしまったので、みんなでオズの国に出かけるという話を膨らませていった。子どもたちからは、空想の世界で考えたワクワクするような話がたくさん出てきた。

「魔女はいい魔女と悪い魔女がいるからね。私はいい魔女を描いたのよ」「竜もいれよう！竜巻をだすんだよ」「コウモリも出てくるよ」「弱虫ライオンはサルと戦って強くなれた」「かかしの畑はお花畑でいっぱいになって、みんなで踊るんだよ！」と、イメージを絵で表現しながら、話がどんどん展開した。どの子もやる気いっぱいで、保育者と話し合いを重ね、脚本から大道具、衣装まで子どもたちが中心になってつくり上げていった。

発表会の劇の取り組みでは、「ねえ見て！ライオンの踊り、こんなのはどうかな？」「爪がとんがっていて、強そうだね」「こんなのはどう？」といった会話が毎日交わされた。このころにはまとめ役を買って出る子どもも出てきた。こうしたリーダー的役割の子どもを中心に、みんなの思いを伝え合い、グループで友だちと話し合いを進めるようになった。

ところが、劇づくりの途中から一部の子がふざけたり調子に乗って、劇の練習が進まなくなり始めた。自分の思いが強ければ強いほど、自分を通そうとして、劇の役の台詞や衣装などで食い違いが生じ、「もう嫌だ！」「この役はやらない！」とやる気をなくしていたようである。保育者は子どもたちの思いを聞き、互いの思いに折り合いをつけながら、同時に、子どもたちが自分たちで表現するおもしろさを感じられる活動であるかなどを見直した。子どもたちも次第に、友だちが表現する様子を認め合い、「かっこいい」など声をかけるようになった。発表会が近づくころには気持ちを合わせて、舞台で自信をもってのびのびと表現することができるようになった。

この事例のクラスでは『オズの魔法使い』というテーマのもとで、一年近くの長い期間をかけてプロジェクト活動が展開されている。そのため、この時期のプロジェクトでは幼児たち自身が保育者の代わりに話し合いを進めるようになるな

第5章　プロジェクト活動の指導方法・援助

ど、自分たちで自主的に問題の解決に向かっている様子が見られる。

　発表会や劇づくりの実践は、発表を成功させるという目標に向かって、みんなで協力することが求められる。しかし、この事例では、多数決による方法や妥協的な折り合いによって1つの目標の達成をめざすというより、一人ひとりの思いを受けとめ、発展させていこうとする様子が見られる。幼児たちは、誰かの意見に従うのではなく、自分の考えを出し合い、相談しながら自分のイメージを劇の作品に表現している。自分の思いや主張が通らないことを受けとめきれない幼児に対しても、ただ協力を求めるのではなく、幼児同士でほめたり声をかけ合い、自分たちで問題を乗り越えていこうとする姿が見られる。

★事例から考える学習のポイント
- 事例2－①と事例2－②を比較して、幼児たちのかかわり合いにはどのような変化が見られるだろうか。
- プロジェクト活動の途中で幼児たちがやる気をなくしたり、混乱した時に、保育者はどのような指導・援助をしたらいいだろうか。
- この実践が一年間という長期的なプロジェクトとなった要因は何だろうか。

　本章では、就学への接続のための指導方法・援助の1つとして、5歳児を中心とした「協同的な学び」に着目し、その指導方法・援助のあり方について学習した。プロジェクト活動とも呼ばれる協同的な学びは、幼児たちが互いのよさを認め合い、試行錯誤しながら、自分たちの追究したい課題を自分たちで解決していくことが特徴である。保育者には幼児たちの自発的な試みを見守るとともに、幼児一人ひとりの思いや認識の違いを大切にしながらそれを共有化したり、幼児たちに不足している生活体験や知的な学びの世界の深まりを期待して、環境を準備したり提案するといった積極的な働きかけが求められる。こうした保育者が幼児たちと「対等に」対話しながらつくり上げていくプロジェクト活動が、就学後の学習や生きる力の基礎をつくるのである。

【引用文献】
1) 国立教育政策研究所教育課程研究センター『幼児期から児童期への教育』ひかりのくに　2005年　p.25
2) 宍戸健夫『実践の目で読み解く新保育所保育指針』かもがわ出版　2009年　p.43
3) 木下竜太郎「レッジョ・エミリアの保育：探究・表現・対話―プロジェクト活動の焦点化して」角尾和子編著『プロジェクト型保育の実践研究―協同的学びを実現するために―』北大路書房　2008年　p.72

4）B・ランキン「レッジョ・エミリアのカリキュラム開発」C.エドワーズ／L.ガンディーニ／G.フォアマン編（佐藤学・森眞理・塚田美紀訳）『子どもたちの100の言葉―レッジョ・エミリアの幼児教育』世織書房　2001年　pp.333－369
5）ウィリアム・H・キルパトリック著（市村尚久訳）『プロジェクト法』明玄書房　1967年　p.11
6）佐藤学「カリキュラム研究と教師研究」安彦忠彦編『新版　カリキュラム入門』勁草書房　1999年　pp.170－173
7）泉千勢「あとがき　子どもの発達を学びの視点でとらえ直す」汐見稔幸・一見真理子・泉千勢編著『世界の幼児教育・保育改革と学力』明石書店　2008年　p.361
8）汐見稔幸「日本の幼児教育・保育改革のゆくえ―保育の質・専門性を問う知的教育」同上書　p.357
9）加藤繁美「幼児教育カリキュラムの構成原理としての生成・発展カリキュラム―レッジョ・エミリア・アプローチにおける『恐竜のプロジェクト』を中心に―」『山梨大学教育人間科学部紀要』第一巻二号　2000年　p.260
10）前掲書5）p.50
11）深澤広明・渡邉眞依子「学習論としてのプロジェクト・アプローチ―ドイツにおける教授学的位置づけと幼児教育での展開―」『幼年教育研究年報』第28巻　2006年　pp.31-32
12）前掲書3）p.77
13）前掲書9）p.260

【参考文献】

C.エドワーズ／L.ガンディーニ／G.フォアマン編（佐藤学・森眞理・塚田美紀訳）『子どもたちの100の言葉―レッジョ・エミリアの幼児教育』世織書房　2001年

磯部裕子『教育課程の理論－保育におけるカリキュラム・デザイン』萌文書林　2003年

加藤繁美・秋山麻美・茨城大学教育学部附属幼稚園『5歳児の協同的学びと対話的保育』ひとなる書房　2005年

宍戸健夫『実践の目で読み解く新保育所保育指針』かもがわ出版　2009年

無藤隆『幼児教育の原則　－保育内容を徹底的に考える－』ミネルヴァ書房　2009年

第6章　異文化理解教育の方法・技術

　グローバリゼーションが急激に進んでいる現代社会において、幼児たちの育つ環境もまた文化的多様性を増しています。幼児期から異文化に触れ、異なる文化的背景に生きている仲間のことを知ることは、これからの重要な教育課題です。

　大人も幼児もそれぞれの文化的ルーツや生活様式、価値観などをもっており、そして共生し、社会を形成しています。異なる文化を受け入れ、お互いに尊重し合える幼児たちに育てるためには、どのような教育が求められるでしょうか。

　本章では、まず文化が幼児たちの育ちとどのような関係にあるのかについて理解し、次に、幼児期における異文化理解教育の指導や援助の視点やポイントについて考えます。最後に多文化共生保育の事例から、保育者として異文化をどのようにとらえていけばよいのか、考えてみましょう。

1 幼児の育ちと文化

|1| 環境としての文化

（1）「見える文化」と「見えない文化」

　文化というと、伝統芸能の能や狂言、茶道や武道といったようなものを想像する人も多いだろう。しかし、本章でいう文化とは、もっと日常的なものをいう。たとえば、朝のあいさつの仕方、洗面の仕方や道具、交通ルールやマナーといったような、多くの人が暮らしのなかであたりまえとして行っている行為や考え方、道具などをいう。異なった行動様式や考え方に出会った時に異文化であると感じるし、また日常的であたりまえであった自分の行動様式や考え方が文化的なものであったのだと気づかされるのである。

　カーター（Carter,J.）は、これを「見える文化（物理的文化）」と「見えない文化（観念的文化）」に分け、「文化の島」として図にして示している（図6－1）。異文化という時、目に見える部分だけではなく目に見えない部分も互いに異なっていると感じられている。しかし、そのもっと奥（「芯の部分」）では共通な点も見つかるだろう。

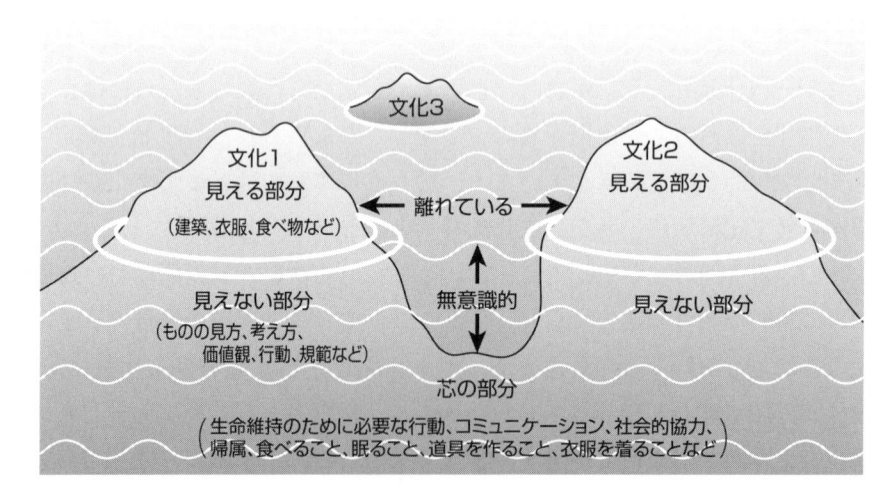

図6－1　文化の島

出典：八代京子他共著『異文化トレーニング　ボーダーレス社会を生きる』三修社　1998年　p.19／Carter. J. "The Island Model of Intercultural Communication" *SIETAR Japan Newsletter*, July 1997, p.15

（2）幼児と文化の関係

　幼児たちの育つ環境には、家族や地域の人々、保育者などの人的環境、道具や建物などの物的環境、時間や動植物などの自然現象などがある。幼児たちはその

影響を受けながら、またそれらの環境へ影響を与えながら、育っていく。これらの幼児たちの周りにある環境について、文化と呼べるものはどのようなものだろうか。

　幼児たちと文化の関係について、示した図を見てみよう（図6-2）。幼児たちは文化のなかで育ち、その影響を強く受ける。つまり"文化化"していくといってもよいだろう。

　幼児たちが育っていく環境としての文化を江淵は4つに分けて説明している。言語体系、道具・技術体系、思想体系、社会体系である。幼児たちは母語を学び、運用する。それは、「エージェント」とされている周囲の人々とのコミュニケーションを通して学ばれる。たとえば、母親が幼児の発した喃語に対して母語で意味づけをし、それによって幼児自身、音声と意味を結びつけていく。同じように、周囲にある道具やその使い方なども、周囲の人々や時にメディアなどを介しながら学ばれていく。宗教や価値観といった思想については、「文化の島」ではとくに「見えない文化」とされている部分を多く含むが、生まれ育っている環境のなかで大切にされている考え方や宗教的信条に周囲の人々やメディアなどを通して出会い、日常生活のなかで自然と身についていく。男女や社会的地位、それに応じた行動様式や志向性もやはり同じように身についていくだろう。このように多様な側面をもった文化のなかで幼児たちは母文化[*1]を（多くの場合、知らず知らずに）身につけていく。

*1　母文化とは、生まれて最初に身につける文化のことである。多くの場合、両親の属する文化や生まれた土地の文化をいう。

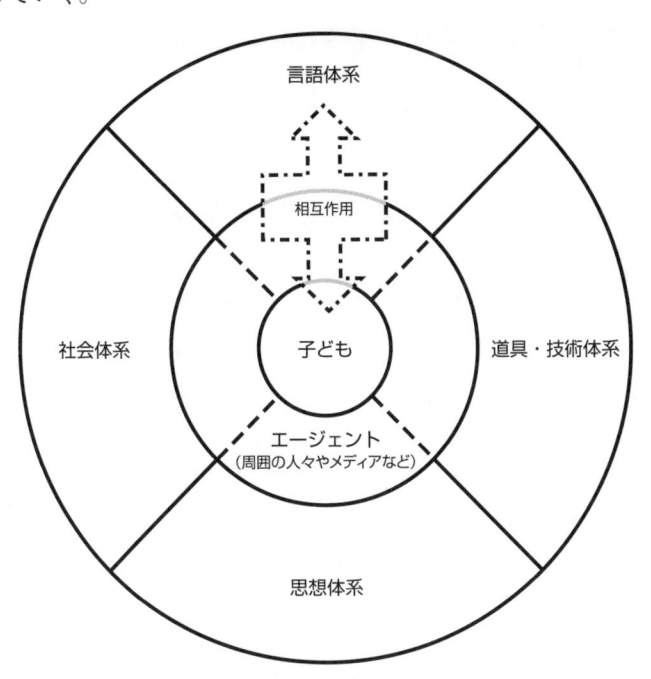

図6-2　子どもと文化

出典：江淵一公編『異文化間教育研究入門』玉川大学出版部　1997年　p.23より筆者作成

ここで注意したいことは、幼児たちは、母文化をただただ受動的に身につけていくだけではないということである。幼児たちはその母文化について新しい何かを追加したり、変容させていったりする能動性ももっている。新しい言葉や表現で自分の気持ちを表現し、それが同世代を中心として広がり、次第にその言語そのものを変えていくこともある。現代社会では、とくにインターネットや携帯電話といったような便利な情報機器ツールによって、日本語の表現や言語運用の方法に変化が起こっているかもしれない。こうして、文化そのものも生き物のように変化していくのであり、幼児たちはそれらを変えていく力をもっている。

▍2▍ 人間形成と異文化

（1）自分の文化に気づく時

　幼児たちは母文化のなかで育ち、それを受け入れ、身につけ、また母文化そのものを少しずつ変えていく。幼児の側からすると、母文化のなかで育つということは、文化がその幼児の性格やアイデンティティ[*2]の基礎となることである。文化とその幼児は切り離して考えられないものである。幼児の内側にもその文化が生きているし、その人そのものの基礎となっているのである。

　ただ、それはあまりに基礎的な部分であるので、母文化のなかに生活している日常において気づかれることは少ない。自分の母文化とは異なる異文化との出会いによって、今まで気づかなかった自らの内側にある文化に気づいていくことになる。

（2）異文化との出会い

　異文化との出会い方としては、自分がマイノリティとして異文化のなかに入っていく場合と、自分はマジョリティとして母文化環境のなかにいて、異文化としての誰かを受け入れる場合がある[*3]。

　たとえば、ある日本の幼稚園にアメリカ人の幼児が入園してきたとしよう。前者のマイノリティとしての異文化との出会い方は、この場合、アメリカ人の幼児の経験があてはまるだろう。アメリカではあたりまえだった、言葉、行動様式、持ち物や道具その使い方、習慣、人とのかかわり方などが異なるため、まずは戸惑うだろう。しかし、これはただの「慣れ」だけの問題ではない。その幼児も文化的に自己形成をしてきているので、これまでの自己形成を修正したり、やり直したりといったことをしなければならないのである。したがって、情緒や行動が不安定になることもあるだろう。

　後者のマジョリティとしての異文化との出会い方は、上記の例では日本人の幼児の経験があてはまるだろう。これまであたりまえだったことを「できない」、「しない」、「知らない」幼児との出会いによって、日本人幼児は驚くだろうし、おも

[*2] 「自分とは何者か」ということについての自己同一性をアイデンティティという。「自分とは」という抽象的レベルから、自分の具体的属性（所属する集団に関するもの）のレベルなどがある。

[*3] マイノリティは少数者、マジョリティは多数者を意味し、とくに民族や立場など、人々が属するグループが社会全体のなかでどのような位置づけにあるのかを量的な面で表現したものである。

しろいと思うかもしれない。また違和感を感じ、不安になるかもしれない。しかし、同時に自分がそれまであたり前だと思っていた知識や価値観とは異なる世界に触れられる。その際、それをどう考え、どう自分に生かしていくのか、大きな成長や学びのきっかけになると考えられる。

　マイノリティとして異文化に出会う幼児、マジョリティとして異文化に出会う幼児の双方に保育者としてどのような指導や援助をすべきだろうか。文化が単に幼児の外側にあるものだけではなく、誕生して以来、すでに内にも生きており、また育っているのだということを考えると、保育者はそれぞれの母文化を大切にしながら、異文化との出会いによって得られる大きな成長や学びも援助していく必要がある。お互いの学び合いを支えたい。

2 異文化理解教育の指導・援助のポイント

1 幼児へのかかわり

　1990年代以降日本にもブラジルなどからの労働者が増え、多くの園に多国籍の幼児が在籍している。外国籍の幼児がクラスにいる場合、どのように援助すればよいだろうか。まだ日本語がうまく使えない場合ももちろんあるし、生活習慣も異なることが多い。保育者は早く日本の園生活に慣れて、クラスの仲間とともに遊べるようになってほしいと感じるだろう。そのための援助をさまざまに工夫することもあるだろう。

　たとえば、日本語での指示が理解できないため、絵カードをつくり、それを利用しながら、いま何をすべきか伝えるように工夫するということもありうる。また、ほかの幼児たちに手伝ってもらいながら、なんとかついていけるように援助するということもあるだろう。

　しかしながら、外国籍の幼児を日本の園生活に合わせていくことを意図している場合、それはマジョリティの文化に同化・適用させようとしてしまっているとも考えられる。そうではなく、外国籍の幼児の行動様式や価値観をクラスのなかに積極的に取り入れ、それによって外国籍の幼児がクラスのなかに位置づいていくような保育観も求められる。これを「アコモデーション」[*4]という。おおらかな「受容・受け入れ」の姿勢をもつことである。

　アコモデーションは、「他者の心理的要求を受容し、他者が自己の意志で自立できるように、他者の求めに応じて援助すること」とされている[1)]。外国籍の幼児の言葉、知っていること、常識、生活習慣などをクラスの活動や生活のなかに取り入れながら、クラス環境としての文化を変容させ、新しい文化を生成してい

*4　英語でaccommodationは、宿という意味をもつ語で、適応や順応、受け入れを意味する。ここでは、外国籍の子どもとともに日本の園の子ども、教職員、保護者も適応することをめざす保育方法を表している。

く、そのようなクラスの文化においては、外国籍の幼児も完全な「異なる者」ではなく、クラスの一部となっていけるはずである。

次に、クラスの日本人幼児の側から見てみるとどうだろうか。自我意識の発達、言語によるコミュニケーションの活発化などの見られる2～3歳ころには、人種、性別、身体的な能力の違いなどに気づき始める。つまり、偏見の芽生えも同時に起こる時期ともいえる。したがって、幼児期にこそ、多様性を大切にし、力関係等に対する固定観念を克服できるような言葉かけやかかわりが重要である。このような保育・教育を「アンチ・バイアスカリキュラム」*5という。

幼児教育・保育では遊びを通して、また環境を通して行われる。アコモデーションやアンチ・バイアスカリキュラムを遊びのなかに取り入れながら、またクラスや園環境のなかに積極的に取り入れる工夫ももちたい。

多くの外国籍の幼児が通うイギリスのある幼稚園では、幼児たちが遊ぶ人形に障害者や老人、多様な民族を模したものを用意していたり（写真左）、壁面に掲示した幼児たちが描いた「顔」はさまざまな人種を反映したようなものになっている（写真右）。また絵本もさまざまな外国のお話のものを用意していた。このような工夫によって、幼児たちは文化の多様性に気づき、また外国籍の幼児は、まさに仲間の一員として受け入れていることを感じることができるだろう。

*5 バイアス（偏見）に対抗する（アンチ）するカリキュラムのこと。偏見を子どもたちが克服できるよう指導・援助する教育的かかわりや環境構成を含んだ教育課程をいう。

人形によって多様性を伝える

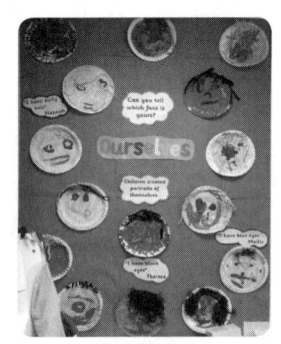

さまざまな顔

2 保護者への支援と連携

外国籍の幼児の教育・保育には、保護者の支援や連携も不可欠である。外国籍の幼児の保護者に対しては、幼児の様子などを伝えるために、園に通訳をおくことなども必要となるかもしれない。また、生活カウンセリングなどのサポートも必要になるかもしれない。園内だけでなく、広く行政、NPO、民間などの諸機関との連携も求められる。

日本人保護者と外国人保護者の関係では、子育て観の違い、つき合い方やコミュニケーションの違いなど誤解が生じることもあるだろう。日本人保護者の多文化共生*6意識を高めるために、幼児たちがいかに多文化的感覚や価値観を学んで

*6 「多文化共生の保育」については、『保育所保育指針解説書』の第3章の中で、領域「人間関係」の内容である「外国人など、自分とは異なる文化を持った人に親しみを持つ」という一文とともに詳述されている。

いるのかについて「クラスだより」や連絡帳などによって伝えていくことも有効だろう。保護者と協同しながら、多文化共生保育への意識をともに高め合う工夫をすることが重要である。

3 保育者自身の文化的気づき

　幼児たちや保護者とともに、多文化共生保育の取り組みを行っていくなかで、保育者自身も自文化、偏見、固定観念に気づくことも多いだろう。アコモデーションの発想で保育を試みるなかで、自らの保育観に気づき、反省することもあるかもしれない。

　たとえば、外国籍の幼児への配慮を特別扱いしていると感じるのか、それとも新たなクラスの文化を生成する一コマとしてとらえるのかで、その背後にある保育観が異なるだろう。前者では、保育者がクラスの幼児を一律に扱おうとしており、もしかすると保育者と幼児たちは支配的関係としてとらえられていたかもしれない。後者では、幼児たちは一緒に活動や園生活を形成する仲間であり、横の関係であるという保育観に立っているだろう。

　多文化共生保育を通して、保育者は自らの保育・保育観について振り返りをする機会をもつことができるのである。

　このように、多文化共生保育を行ううえで、アコモデーションとアンチ・バイアスカリキュラムを中心としながら、日々の保育をとらえなおしていく過程によって、幼児たち（マイノリティの幼児・マジョリティの幼児）も保護者も保育者もともに成長することができるのである。

3 実践事例から学ぶ

1 アコモデーションをベースとした保育へ向けて

> **事例1　「助けてあげてね」**
> 　年中さんのクラスに新しいお友だちがやってきました。スウェーデンから、お父さんのお仕事の関係で引っ越してきたお友だちです。朝、登園した幼児たちは興味津々で、先生と通訳の女の人と3人で話しているお母さんにくっついている女の子を見ています。

朝のあつまりで、先生は女の子を紹介しました。「スウェーデンという国から来たフレイヤさんです。今日からこのクラスのお友だちです。でも、まだ日本語もわからないし、何をやったらいいかわからないことだらけだと思います。みんなで助けてあげてくださいね」。フレイヤさんは、ちょっと恥ずかしそうにしています。
　クラスのお友だちはみんな、はりきってフレイヤさんのお世話をやきました。あまりにみんながいろいろとお手伝いしたがるので、フレイヤさんのためのお当番さんもつくり、みんなでフレイヤさんのサポートをしています。

　このようなフレイヤさんへの支援はアコモデーションとなっているだろうか。このあと、フレイヤさんは徐々に日本語もわかるようになり、園生活にも慣れていったのだが、なかなか自分に自信をもって活動できず、自尊感情も弱かったという。なぜだろうか。

★事例から考える学習のポイント
・「援助する―援助される」という関係が固定化されてしまうことによって、援助される側の自立がかえって疎外されているということが考えられないだろうか。
・フレイヤさんという外国籍の幼児をアコモデーションするには、フレイヤさんが日本の園生活に合わせるだけではなく、フレイヤさんのもっている文化を園生活に取り入れていきたい。具体的にはどんなことができるだろうか。

2 アンチ・バイアスカリキュラムを取り入れた保育の工夫

　事例2　「女にはできっこないよ！」
　ある日、Yくんが先生に「昨日ね、ぼく、中央公園のでっかい木に登れたんだよ。おにいちゃんは小学生になってから登れたんだけど、ぼくは大きい組さんなのに登れたんだよ」と話してくれました。
　先生は「すごいね、先生には登れないと思うわ」と答えると、それに対して、「先生は女だから、登れないんだよ」と言います。
　それを聞いていた、背の高い女の子のMちゃんが「私も中央公園の木に登れるよ」と言いました。Y君は、「うそだ～。あの一番でっかい木だよ。絶対、女にはむりだよ」
　Mちゃんは不服そうな表情でだまっていました。

このような会話のなかで、あなたが保育者だったら、どう答えるだろうか。アンチ・バイアスカリキュラムを意識すると、男女に関する固定観念について、男女以外の要素で、「登れる―登れない」ということが起こる可能性を提案することもできるだろう。

また、アンチ・バイアスカリキュラムを目標とした保育室環境や保育内容では、どのような工夫が考えられるだろうか。

★事例から考える学習のポイント
- 偏見や固定観念の芽生えが見られた時には、それを克服できるような言葉がけやかかわりが求められる。
- 壁面や遊具、絵本といった保育室環境、保育者が提案する遊びにおいて、多様性に気づくことができるような工夫が重要である。

文化というのは、目に見える文化と見えない文化があり、見えない部分の文化的な要素にも気づいていきたい。また、そのような文化は幼児たちの環境にあるだけではなく、内面化されているのであって、その幼児自身を形成している。外国籍などの異文化を背景にもつ幼児たちを受容するために、その母文化を尊重することが重要である。マジョリティ（園）の文化に一方的に合わせるように援助するのではなく、双方の文化を尊重し、お互いを統合した新たな文化を再構成するつもりで、クラスや園生活を見直し、アコモデーションをめざしたい。

また、それだけではなく、幼児期にみられるさまざまな偏見や固定観念の芽生えを、日々のかかわりのなかで介入し気づかせたり、保育環境や保育内容の工夫によって克服していくアンチ・バイアスカリキュラムを取り入れていくことも大切である。

アコモデーションとアンチ・バイアスカリキュラムの両面から、幼児期から多文化共生へ向けた資質を育てていくことがこれからの課題の1つであろう。

【引用文献】
1）萩原元昭著『多文化保育論』2008年　学文社　p.15

【参考文献】
萩原元昭著『多文化保育論』2008年　学文社
上田都著『幼児の異文化理解及びその教育に関する研究』2000年　風間書房

第7章 保護者支援・地域連携の方法

　保護者は誰でも、「自分の子どもが園でかわいがられているだろうか」「お友だちとなかよく遊んでいるかしら」と、自分の子どもが先生から愛情をもって見守られ、のびのびと遊び、楽しく園生活を過ごせることを願っています。この親心を、保育者は真摯に受けとめることが大事です。保護者支援とは、専門家である保育者が、保護者一人ひとりの要望に耳を傾けることから始まります。

　また、地域は、幼児が大人になっても「心のふるさと」になるようなかかわりや出会いを体験していく機会を提供してくれる身近な教育資源です。

　家庭や地域と園が、心を1つにして子育てのパートナーとなるには、保育者はどのような視点をもてばよいのでしょうか。そんな気持ちから学んでみましょう。ここでは、教育の方法という観点から事例をあげました。

1 保護者支援や地域連携の今日的課題

|1| 国の方針

　教育基本法及び学校教育法の改正や幼稚園教育要領の改訂、保育所保育指針の改定によって、家庭や地域社会との連携をふまえた幼児教育のあり方、子育て支援等の充実がこれまで以上に求められている。次の表7−1を見てそれぞれの要点を理解しよう。

表7−1　子育て支援に関する法令・告示

法令・告示	内容のポイント	条文（抜粋）
教育基本法 （2006年改正）	第10条で、家庭教育の責任について新たに明記された。	父母その他の保護者は、子どもの養育について第一義的責任を有するものであって、生活のために必要な習慣を身につけさせるとともに、自立心を育成し、心身の調和のとれた発達を図るように努めるものとする。
学校教育法 （2007年改正）	第24条で、家庭及び地域の教育支援が強調された。	幼児期の教育に関する各般の問題につき、保護者及び地域住民その他の関係者からの相談に応じ、必要な情報の提供及び助言を行うなど、家庭及び地域における幼児期の教育支援に努めるものとする。
幼稚園教育要領 （2008年改訂）	第3章で、家庭との連携や地域社会との連続性について明記されている。	・幼児の生活は、家庭を基盤として地域社会を通じて次第に広がりをもつものであることに留意し、家庭との連携と十分に図るなど、幼稚園における生活が家庭や地域社会との連続性を保ちつつ展開されるようにすること。 ・家庭や地域での幼児の生活も考慮し、教育課程に係る教育時間の終了後等に行う教育活動の計画を作成するようにすること。 ・家庭との緊密な連携を図るようにすること。その際、情報交換の機会を設けたりするなど、保護者が、幼稚園と共に幼児を育てるという意識が高まるようにすること。
保育所保育指針 （2008年改定）	第1章と第6章に、家庭や社会との連携、子育て支援のことが示されている。	（第1章） ・家庭や地域の様々な社会資源との連携を図りながら、入所する子どもの保護者に対する支援及び地域の子育て家庭に対する支援。 ・地域社会との交流や連携を図り、保護者や地域社会に、当該保育所が行う保育の内容を適切に説明するように努めなければならない。 （第6章） 1．保育所における保護者に対する支援 2．保育所に入所している子どもの保護者に対する支援 3．地域における子育て支援

|2| 家庭教育の充実や地域連携が、いまなぜ求められているのか

言うまでもなく、幼児が成長していく場は、「家庭」「地域」「集団保育施設（幼稚園・保育所等）」である。この3つは幼児にとって安心できる生活環境であり、それを支える大人たちが相互に協力的関係にあることが望ましい。

しかし1980年代以降、少子化や核家族化、情報化、都市化現象の急激な進行により、この3つのバランスが崩れてきている。近年の幼児たちは地域の人々や自然とかかわる機会が急減し、家庭でも育児不安や早期教育の競争激化により安心した子育てができにくくなってきている。幼児虐待の件数も年々増加している。このような幼児を取り巻く環境の変化を背景に、幼児期の教育を担う幼稚園や保育所が地域の子育てセンター的な機関として、「家庭や地域」との連携を進めることによって、幼児の成長を守り、発達をより豊かに支えていくための環境をつくっていくことが求められているのである。

|3| 「連携」という言葉に込められた意味

幼稚園教育要領でも保育所保育指針でも、たびたび「連携」という用語が登場しているが、「連携」とは、そもそもどういう意味なのだろうか。辞書的には「同じ目的を持つ者同士が協力し合って物事を行うこと」[*1]とある。

*1 松村明・山口明穂・和田利政編『国語辞典』（旺文社 2000年）の「連携」の項目を参照。

① 同じ目的をもつ

園や保育者が連携の取り組みや活動を進めていく際に、地域や家庭と、目的を共有することが出発点である。それは、抽象的ではあるが「人格形成の基礎を培う」（幼稚園教育要領）ことであり、「現在を最もよく生き、望ましい未来をつくり出す力の基礎を培う」（保育所保育指針）である。つまり、「子どもの幸せのために」何かできることを探そうという視点をもつことである。

② お互いを尊重し合う

幼児教育・保育で進められる「連携」は、そこにかかわる人たちの関係が上下ではなく、お互いに対等な関係でなければならない。幼児を守り教育していくという目的のもとに、幼児の保護者と保育者、地域の人々や諸機関は対等な関係で、それぞれがもっている力や知恵を出し合って協力していくのである。

そのためには、相手を知ること、語ること、聴くことなどを重ねて、お互いを尊重するかかわりづくりをしていこうとする姿勢をもつことが大切である。

③　協力的な関係をつくる
　立場が異なれば、同じ目的をもったとしても見方の違いや考え方の違いが生じる。保育者はプロではあるが、やはり限られた職場環境のなかで生きている人間であることを自覚し、地域や家庭のなかには幼児の興味や体験を広げたり、新たな文化を提供してくださる人材や資源があることに気づく姿勢も大切である。その人たちの特技や人間性を、気兼ねなく積極的に、幼児のために発揮してもらえるような協力的な関係を根気よく模索していくことが、長期的に見て地域や家庭の教育力の回復につながっていくと思われる。
　「連携」という言葉から硬いイメージをもつかもしれないが、園や保育者から「幼児のためにできること」を発信して、地域や家庭との相互的コミュニケーションによる信頼あるパートナーシップを築いていくことが方法の基本となる。

2　家庭との連携・保護者支援の方法

１　家庭と園とのつながり

　家庭への情報提供や保護者との信頼関係をつくっていくために、園では日常的にたくさんの機会や方法が活用されているが、その方法は大きく２つある。

①　個別的な対応や話し合いによるもの
　幼児の送迎時の保護者対応、連絡帳、家庭訪問、個別の相談対応などがあげられる。これらは、一人ひとりの保護者を対象とした親密な関係を築いていく方法である。
②　園がすべての家庭を対象とするもの
　園便り、インターネットによる情報提供、保護者会、行事への参加などがあげられる。これらは、園からの一方的伝達や連絡や依頼になりやすいが、工夫によって保護者が主体的にかかわることで「開かれた園づくり」（p.23の図５参照）につながる。

　上記の２つの方法を有意義に活用して、家庭との協力的・対等的なかかわりをつくっていくためには、どのような園づくりや保育観をもつことがポイントとなるか、次に考えてみよう。

2 親しみと温かみのある園づくり

(1) 保護者にとっても「心地のよい場」づくり

　園づくりの基本は、保護者にとっても心地よい場所であり、保育者と気軽に話し合える環境づくりをすることだと言えよう。保護者がお客様ではなく、保育者とともに幼児の保育のことを考えたり参加できることを願って、うち解けられる雰囲気のある園にするために、送迎時にちょっと座っておしゃべりできるベンチを設置したり、「井戸端会議室」をおいているところもある。

保護者の井戸端会議室

(2) 何でも気軽に話せる関係

　仕事を終えて子どもを迎えにきた母親が「あぁ、今日の仕事はしんどかったわ」、保育者が「お母さん！　それでもAちゃんのためにがんばっていつもより早くお迎えに来てくれたのね。Aちゃんは、最近、Bちゃんととてもなかよくなって、今日もうれしそうにブランコに乗っていましたよ」というような会話が、子どもを前にして交わせると、保護者にも気持ちの余裕が生まれ、園での様子により関心をもってもらえる関係を築いていくことにもなる。

　「預かる－預ける」「教育する－教育してもらう」という対極的な関係ではなく、お互いに手をつないで、子どものことを考え合う関係を築いていきたい。

　この意味で、物的な面でも人的な面でも「親しみと温かみのある園づくり」をめざして、その園でできる独自の工夫をしていきたいものである。

3 子育てについて考え合う場づくり

　一例として「家庭訪問」をあげて考えてみよう。家庭訪問は、保育者が幼児の家庭生活を知り、保護者との信頼関係を早く築いていくうえで欠かせない。保育者がそれぞれの家庭に出向いていく家庭訪問は、園では見られない幼児の姿を見たり、子育てに関しても保護者から日ごろ気になっていることなどを聞き、お互いに理解し合える絶好のチャンスである。

　元幼稚園教諭の宍戸洋子氏は、家庭訪問の目的について「子どもと親しくなるだけでなく、生まれた時から今までの子育ての苦労話を聞かせてもらい、母親とも親しくなってきます」と述べ、「時には、お父さん、おじいちゃん、おばあちゃんも加わり話に花が咲くこともあります」[1]と述べている。

その実践を紹介しよう。初めての園生活を迎えた3歳の春の取り組みである。

●**実践事例1　家庭訪問の実践（幼稚園、3歳児）**[2]

事例1−①　「みんなの家にあそびにいってもいい？」

　家庭訪問という言葉はむずかしいので、「あそびにいっていい？」と聞いてみます。「いいよ」「いいよ」「わたしんち、ずっとまっすぐ行って、まがって、またまっすぐいってまがるんだよ」「ぼくんち黒い犬がいる」「わたしんとこ、白い猫」「ミニカー、いっぱいある」など、みんなわれ先にとしゃべってきます。

事例1−②　「登園をしぶるEちゃんの家庭訪問」

　家でのEちゃんは、幼稚園とはうってかわって、お兄ちゃんと部屋中をはしゃぎまわって追いかけっこをしていました。これなら大丈夫。本来、元気者なのです。時間が経てば解決します。明るい見通しがもて、心が軽くなりました。

　母親の話では、「赤ちゃんが生まれてから時々お漏らしをするようになったり、牛乳を哺乳瓶で飲みたがったりする」とのこと。一時的な退行現象がでているようです。無理にお姉さん扱いせず、Eちゃんが満足できるよう、しばらくしっかりEちゃんと向き合っていこうと話し合い、「Eちゃん、あした泣かないでこようね」と指きりをしてわかれました。

事例1−③　「午前中あくびの多いKちゃんの家庭訪問」

　祖父母にかわいがられ、広い家の中で妹と2人で遊んでいるKちゃんは、今まで戸外で遊んだ経験がなく、同年齢の子どもとの遊び方を知らないのです。（中略）大人中心の家庭の中で寝る時間が遅いことがわかりました。朝すっきり起きられず、早く早くとせかされての登園は、やはり泣く原因の一つになっています。

　そばで静かに私たちの話を聞いていたKちゃんが、壁にかけてある大きな人形を指差し「せんせい、あの人形の中に何が入っているかあててごらん！」とはにかみながら言います。あっ、パジャマを入れる人形だなと気づきましたが、わざと「おかし！」と言うと、「残念でした」とうれしそうに言います。
「それじゃあ、リンゴ！」
「ちがうってば、食べるものじゃない」

> 「わかった、こんなにおなか大きいから、赤ちゃんが入っているんでしょう」
> 「せんせい、この人形まだ子どもだよ、赤ちゃんなんかうめないよ」とさもあきれたように言います。もうこれくらいでいいでしょう。目をつむり、人さし指をぐるぐるまわして、「チチンプイノプイ、チチンプイノプイ、パジャマ！」「アタリ！」と、Ｋちゃんはこおどりしてよろこび、「どうしてわかったのかなー」と、言いながら、人形からパジャマを出して見せてくれました。帰りぎわ、「Ｋチャンちに、またあそびにきてね」と何度も念をおすＫちゃんでした。
> 　翌朝、少し涙のでているＫちゃんに、「Ｋちゃん、パジャマ人形、元気？」と声をかけると、ニコニコするＫちゃん。Ｋちゃんと私だけの合言葉ができました。

　この家庭訪問の実践では、保育者が気になる子どもの姿について、家庭での生活からその原因や背景にあるものを把握して、保育に生かそうとしている。形式的な訪問ではなく、保育者が個々の家庭の状況を温かい気持ちで受け入れて、個々の子どもやその保護者と信頼関係をつくろうとしている。

★事例から考える学習のポイント
・どのような言葉かけから、保育者の工夫を読み取ることができるか。
・保護者の立場から、この保育者の姿からどういう印象をもつだろうか。

4 保護者の「よさ」を発見するという視点から

　保護者は、園での子どもの様子や友だち関係のこと、先生からかわいがられているかなどを知りたいものである。最近は、連絡帳を書いても反応がない、と言って嘆く保育者もいるが、多忙な生活状況のなかで書く余裕がない保護者や、良いことだけをまじめに書いてくる保護者もいることを、念頭においておくべきである。親にもさまざまな価値観と個性があるのである。

　送迎時に保護者と向き合う時の笑顔や、ちょっとした会話も大切にしたい。そして、連絡帳や園便りなどは、一方的な連絡や依頼にならないように、園での幼児（たち）の遊びの様子や生活の場面が目に浮かぶように、それを読む保護者の側に立って、読みたくなるような内容や書き方の工夫が望まれる。

　どの保護者にも、必ず「よさ」があり、そのことを信じてつき合うことが、幼児のことや保育のことを、心を通じ合わせながら考えていく関係を築くことにもつながるのであり、家庭との連携や保護者支援はそういうところから始まるのである。ここでは、一例として「送迎時の保護者とのコミュニケーション」の場面をあげて、考えてみよう。

●実践事例2　送迎時の保護者との対応の実践（保育所、4歳児）[2]

事例2-①　いつも登園が遅いBちゃん

　Bちゃんは、ほかの子より登園時間が遅いため、午前中の遊びにスムーズに入れず、ご機嫌が悪いことが多く、先生は悩んでいました。この日も、10時ごろになって、パジャマらしきつなぎのような服を着たお母さんに連れられて、登園しました。A先生は「おはよう、よく来たね」と言葉ではやさしく言ったものの、心の中では、このお母さんが起きたばかりの格好で子どもを園につれてくることが気になって仕方ありません。どうも、お母さんが朝起きられないことがBちゃんの登園を遅らせ、その結果、仲間との遊びにうまく入れないのです。このお母さんの家庭生活を何とか改善してほしいと願っています。

事例2-②　職員室での話し合いから

　A先生は、送迎時のたびに、お母さんに「もう少し早く、つれて来てくださいませんか。Bちゃんもお友だちと一緒に遊びたそうなんです」とお伝えしましたが、いっこうに状況は改善されません。そこで、職員会議でこのことをほかの先生からの助言もほしいと思い、話し合ってもらうことにしました。
C先生：「それは、あのお母さんは、お姉ちゃんのときもそうだったから、いくらいっても無理だわ」
E先生：「そうよ、生活自体がだらしないし、子育てをする責任感がないのよ」
　というように、お母さんの育児意識や生活感覚の問題に話題が広がっていきました。
　でも、担任のA先生は、「わたしが望むのは、Bちゃんが園で気持ちよく朝からの生活をして、みんなと楽しい遊びを経験してほしいということなの。そのためにはどうしたらよいだろうか」と再度、問題提起しました。
　それまで、家庭や母親に原因を見出そうとしていた先生たちも、Bちゃんは「遅くなっても、園にくるのが好きなんだね」という見方に傾いていきました。

事例2-③　遊びの様子を伝える

　次の日から、A先生は、相変わらず遅く登園してくるBちゃん親子に、「今日は、DちゃんがBちゃんと遊びたいって待ってるよ。さぁ、一緒にブロッ

ク遊びしよう」と、Bちゃんの好きな遊びのことをお母さんにも感じてもらえるような声をかけるようにしました。お帰りの時にも、お母さんに直接「早く、つれて来てください」というお願いではなく、その日のBちゃんが仲間と楽しんだ遊びの様子を伝えることを試みました。

　何日かして、この親子が少し早く登園できるようになった時、お母さんから「今日は、『BがHちゃんとブロック遊びするから、早く保育園に行きたい』というので、やってきました」と言われました。先生は、やったー、という思いでうれしくなりました。思わず「ありがとうございます」の声が出ました。お母さんの表情にもホッとした様子が感じられました。先生の願いがお母さん自身の口から、聞くことができた瞬間でした。

事例2－④　生き生きしてきたお母さんの姿

　それから徐々に、早く登園できるようになったBちゃんは、園での生活を楽しめるようになりました。気がついてみると、早く登園する日はお母さんの服装も整っていて、少し生き生きしているように見えます。

　A先生は「お母さん、最近、とても生き生きされていて、ステキ！」と声をかけるとお母さんも「これまで、自分が親として失格。子どもにはかわいそうと思いながら、夜の仕事が遅いので朝起きるのがつらくって。でも、Bの『保育園に早くいって、遊びたい』という声を聞くと、私もがんばらなくちゃと思えるようになって」と、はにかみながら話されました。A先生は、なんだか、お母さんと心が通じたような気持ちになりました。

　この実践は、家庭での生活スタイルと園での活動とが一致していないケースである。その背景には保護者の生活現実があり、それを批判することは簡単であるが、保護者の生活や要求を認めつつ、どうしたら子どもの健全な生活をつくっていくことができるのかを学ぶことができる。園や保育者からの一方的な教育要求を迫るのではなく、Bちゃんの遊びたいという要求を代弁して、その姿を根気よく伝えることによって、保護者自身の子育てに対する自覚の変化が見られた。

★事例から考える学習のポイント
・この保育者のとった方法で学びたい点は、どこだろうか。
・このお母さんの子どもに対する願いを、どのように読み取ることができるか。

3 地域の教育力を活かした連携

「地域との連携」の取り組みは、各園が存在する地域の歴史や伝統・文化や住民の生活など、いわゆる地域特性に立脚して行うことが原則である。このことをふまえて、その園の独自な工夫（ねらい、内容、計画等）をしていくのである。「地域の教育力を活かす」という観点から、その方法を考えてみたい。

1 ねらい

一般的には、次のような教育的ねらい（幼児の成長）が考えられる。
①自分が暮らしているまちを探検したり地域の行事に参加することで、文化・歴史に誇りを感じる。
②地域の方々と触れ合うことで、一人ひとりの幼児が地域の人たちから見守られていることの心地よさやぬくもりを感じる。
③地域の人や自然と交流する過程で、自分の発見、友だちの発見、多世代の人たちの存在に気づき、お互いを尊重する気持ちが芽生える。

2 取り組みの内容

今日、多くの園で取り組まれている活動内容には、次のようなものがある。

> まち探検、自然探検、地域の年中行事等への参加、地域の多世代交流（中学生や高齢者などを園に招く）、近所の田畑を借りての栽培活動、高齢者施設への訪問交流、保護者の保育参加、地域のボランティア先生の活用　など

方法としては、次の2つに大別される。
①地域社会に幼児たちが出向いていくタイプ
②園に地域の人に来てもらうタイプ

いずれも、園の保育を地域に開き、地域の教育力を活かし、地域とのつながりをつくるという点では共通している。

以下は筆者がかかわった研究のなかから、①園から出向く活動の一例として「高齢者施設訪問の実践」と、②園に来てもらう活動として「ボランティアせんせい」の実践を紹介してみたい。

●実践事例3　おばあちゃん、おじいちゃんとの触れ合い（幼稚園、5歳児）[3]
年長5歳児は年間3回の高齢者施設訪問による触れ合い活動を行っている。は

第7章　保護者支援・地域連携の方法

じめは、見慣れない高齢者に緊張していた子どもたちが、高齢者と何回か触れ合うことで、自分を温かく見守ってくれる高齢者の存在を感じていく。

> **事例3－①　「おばあちゃんの手、あったかかった」（第1回目の訪問、6月）**
>
> 　Pちゃんは、車いすに乗ったおばあさんの前に立つと、いつもの笑顔が消え、表情がこわばった。おばあさんは、Pちゃんの名札を見てにこにこしながら「あんたは…Pちゃんっていうの。かわいいな」「おばあちゃんは、手も足も痛いの、悪いところだらけだわ、Pちゃんは元気でいいな～」と目を細めた。何度も「かわいいな～」と繰り返すおばあさんは、Pちゃんのことがかわいくて仕方ない様子である。そんなおばあさんから、じりじりと後ずさりを始めるPちゃんの肩を、保育者は、そっと支えた。
>
> 　Pちゃんの好きなげんこつ山のたぬきさんのジャンケン遊びになっても、楽しそうなおばあさんとは対照的な硬い表情のままのPちゃん。保育者は、Pちゃんの後ろで「♪げんこつやまの～♪」と一緒に歌った。ジャンケンをすると、顔をくしゃくしゃにして喜ばれるおばあちゃんを見て、Pちゃんの口元が少し緩んできた。
>
> 　交流が終わると、おばあさんは「Pちゃん、ありがとね」と自分の手の中に、Pちゃんの手をすっぽりと入れて、ぎゅっと握りしめた。おばあさんに対してPちゃんは、初めてニコッと笑顔を見せた。帰り道、Pちゃんは「おばあちゃんの手、あったかかったよ」と保育者に言った。

> **事例3－②　「よしっ！　手遊びするよ」（2回目の訪問、11月）**
>
> 　Gくんは、おばあさんの前に立つと「かわいいなぁ、仲良くしてね」と温かいまなざしで見つめるおばあさんの方を何度か見ては様子をうかがっていた。保育者はGくんの体に触れ「『仲良くしてね』って、言ってくれるね」と声をかけた。自己紹介やラジオ体操をしたりしていくうちに、Gくんの硬かった表情が少しずつほぐれていった。
>
> 　保育者が「次は焼いもジャンケンだよ」というと、「よしっ！　するよ」とGくんは「♪やきいもやきいも…♪」と手遊びを始めた時、おばあさんから笑みがこぼれた。Gくんが負けると、おばあさんの後ろに足早に向かい、手に力を込めて肩を揉んだ。おばあさんは気持ちよさそうにして目をつむっておられた。保育者は「Gくん、おばあちゃん、気持ちよさそうにしてるね」と言うと、Gくんの手にさらに力がこもった。

> **事例3－③　「おばあちゃん、今度はもっとすごいよ！」（3回目の訪問、3月）**
>
> 　Ｐちゃんは「ひまわりのおばあちゃんに見せたい」と毎日のようにあやとりをして、交流の日を楽しみにしていた。
>
> 　当日、Ｐちゃんは、おばあさんの前に行くと、さっとあやとりのひもを出して「おばあちゃん、見ててね！」と、ほうきや4段ばしごなどをつくって見せた。おばあさんは「上手だなぁ」と目をまるくして、うれしそうな笑顔を見せた。Ｐちゃんはおばあさんの笑顔に応えるかのように、「今度は、もっとすごいよ！」と張り切って言うと、慎重に指を動かして「はい、5段ばしご」とおばあさんの前に広げた。おばあさんは「5段？…ひぃ、ふぅ、みぃ、よ、いつっ、ありゃまぁ、5つも？」と指で一つひとつ数えながら、できあがったＰちゃんの5段ばしごに歓声を上げ、手をたたいて喜んだ。Ｐちゃんのうれしそうな表情に、保育者も大きな拍手を送った。
>
> 　おばあさんはＰちゃんのあやとりに心が動き、「おばあちゃんも、昔はよくしたわ」と、Ｐちゃんからあやとりひもを受け取り、ゆっくりとつくり始めた。興味深く見つめるＰちゃんに、保育者は「おばあちゃんは、あやとりで何をつくられるのかなぁ～」とそっと声をかけた。おばあさんとＰちゃんが1つの世界にいるようだった。
>
> 「おばあちゃん、見ててね！」

　この実践では、核家族化のなかでお年寄りと触れ合う機会の少ない幼児たちの戸惑いの様子がよくわかる。5歳児なので、直接拒否はしないが、高齢者という存在におそるおそる近づく段階から、「喜んでもらいたい」と目的をもって主体的に接していく段階までの変化が読み取れるだろう。

★事例から考える学習のポイント
- 幼児たちの気持ちの変化は、どのようなものであったか。
- 幼児と高齢者とのかかわりは、どのように変わっていったのか、その教育工夫はどのような点にあると考えられるか。

●**実践事例4　お母さんのボランティアせんせい（幼稚園、4・5歳）**[4]

　ここでは、家庭の教育力という観点から、「保育参観」ではなく「保育参加」という方法について考えてみたい。多くの園では、園での子どもの様子を知ってもらい、園の教育観や日ごろの保育についての理解を深めるために「保育参観」

第7章　保護者支援・地域連携の方法

を設けているが、それは、保護者にとっては受け身的な参観であったり、自分の子どもだけに目が集中してしまいがちになることも多い。

　地域の教育力を高め、家庭の育児を楽しくしていくための方法の１つとして「保護者の保育参加」を取り上げてみたい。

　「保護者による保育参加」のポイントは、①それぞれの保護者の得意分野を発揮してもらう、②誰でもが気兼ねなく参加できる内容を考える、③参加の無理強いをしない、ことである。

　S幼稚園では、数年前から「保護者に気兼ねなく園に来てもらい、子どもと一緒に園を好きになってほしい」との願いから"お母さんのボランティアせんせい"の取り組みをしている。はじめは戸惑っていたお母さんたちも、絵本の読み聞かせを練習したり、ビーズ通しやちぎり絵の得意なお母さんからお互いに学び合っていった。そして、「せんせい」を体験することで保育者の苦労もわかり、何よりも幼児たちがその日を楽しみに待っていることが励みとなり、園に来るのが楽しいという声が聞かれるようになった。もちろん、園では、保護者に無理のないように、自信をなくさないように配慮しながら、何回も話し合いがもたれた。

事例4－①　「Nちゃんのお母さん、おもしろかった」（幼稚園、4歳児）

　読み聞かせをしてくれるお母さんと子どもたちが、お互いに「よろしくお願いします」とあいさつをして始まった。Mくんは、近くに座っている友だちと「暑いなぁ～」と言いながら、絵本が始まろうとしていることに気がつかない様子であった。お母さんボランティアは、緊張しながらも落ち着いた声で、ゆっくりと『もうおねしょしません』[*2]の絵本を読み進めていった。

　Mくんは、「あぁ、それ知ってるよ」「七夕の願いごとに、ぼくたちも書いたよ」とお母さんボランティアに伝えたり、隣に座っているGくんや保育者と顔を見合わせたりしていた。保育者は、そばでMくんの声にうなずいて、思いを受けとめていた。そして、お母さんボランティアの温かい雰囲気を感じたのか、普段は落ち着かないMくんも話を聞いていた。

　Mくんは、絵本が終わり、みんなで「ありがとうございました」とお礼を言うと、「Nちゃんのお母さん、おもしろかった」と言いながら、お母さんボランティアのそばに寄っていって、別の絵本を読んでもらうれしそうにしていた。お母さんボランティアの緊張していた顔がほころんで「ありがとう！」と返してくれた。

[*2] 寺村輝夫（作）・いもとようこ（絵）『もうおねしょしません』（あかね書房 1982年）。おねしょと七夕の願い事を結びつけたファンタジー。園の行事を取り入れて描かれた絵本である。

事例4－②　「もう、とおらないよー（ビーズとおし）」（幼稚園、5歳児）

　この日は、3人のお母さんボランティアが「ビーズ通し」の遊びを指導してくださった。Sちゃんは、テグスに通すビーズを一心に見つめ、指先を少し震わせながら、1つ、2つ…とビーズを通している。しかし、小さいビーズがうまく通らず、指先に力が入りすぎてビーズが1つ飛んで行ってしまった。ビーズを拾い、再びやってみるが、指先がもつれてなかなか通らない。

　「もう、とおらないよー！」とポツリとつぶやいた。お母さんボランティアの1人がそれを聞いて「よ～く、穴を見るといいよ」と声をかけた。保育者も「あせらなくて、いいからね」と声をかけた。Sちゃんは、もう一度指先を集中させて、穴をよく見ながら小さなビーズを通した。ビーズが通ると、Sちゃんは肩の荷が下りたようにため息をした。そばで保育者は「通ったね、ゆっくりでいいからね」と言った。

　お母さんボランティアは、一人ひとりの子どもの様子に合わせて、「そうそう、上手だよ」「きれいな色になってきたね」と声をかけていた。ほかの子よりも時間をかけて、一つひとつビーズを通すごとに肩を少しおろしていくSちゃんに、お母さんボランティアは「だんだん、できてきたね、あと少しだよ」と温かく励ましていた。そして、みんなより遅れてできあがったビーズの首飾りを見つめるSちゃんに、「Sちゃんの首飾り、とてもすてきな色だね」と感心した声をかけ、Sちゃんは満足げに「うん」とうなずいた。

　普段では、保育者がいっせいに活動を進める際に、思い通りにならないと気持ちが続かなくなるSちゃんが、お母さんボランティアに支えられて、崩れそうになる気持ちを立て直しながら集中して、納得のいく作品の完成に大満足の様子が読み取れる。

★事例から考える学習のポイント
・お母さんボランティアは、Sちゃんの気持ちをどのように見守っていたのか。
・保育者とお母さんボランティアとの連携プレイは、どこに表れているか。

●実践事例5　地域の文化交流（お茶の作法）　幼稚園、5歳児[5]
　S市は城下町で旧街道の商店街には昔ながらの町並みがあり、城跡や寺などの史跡も多く、茶道の伝統文化も継承されている。そこで、「地域の先生、こんにちは」というテーマで茶道の先生を招いてお茶の作法をしてもらっている。和服姿で園にやってきた茶道の先生は、保育室に簡易たたみを敷いてお茶席づくりから始める。次は、そのお茶の作法での触れ合いの一場面である。

事例5 「僕のお茶、甘いなぁ」

　和菓子を食べた後、一人ひとりが自分でお茶をたてた。「おいしくなるように、心を込めてお茶をたてるのよ」というお茶の先生の声が聞こえた。Yくんは、先生に手をそえてもらって茶せんを回すと、緑のきれいな泡ができた。お茶の先生が「それじゃぁ、飲んでみましょうか」とみんなに声をかけると、Yくんは両手でお茶碗をもち一呼吸おいた後、ゆっくりと一口飲んだ。すると、Yくんは「あれ？　なんか僕のだけ、甘いみたい」と言った。これまで和菓子が苦手で、お茶会が好きでなかったYくんが、この日は自分がお茶をたてる役割を果たしたことで、お茶の味を受け入れることができたのだ。

　先生は「甘かったかしら？」と優しく笑った。Yくんは「うん、甘い…」と不思議そうな顔をして、そばにいた保育者の方を向いた。保育者は「甘かったんだ」と声をかけると、「うん」と大きく首を縦に振った。今度はゴクリごくりと、二口飲むと「あ〜、おいしい」と言った。お茶の先生が「おいしかったのね、よかったわ」と言うと、Yくんは味わいながらお茶を全部飲み干し、「お茶って、温かくておいしかった」と茶碗をしげしげと見ながらつぶやいた。保育者は、「Yくんと先生が心を込めてつくったからだね」と言葉をかけた。

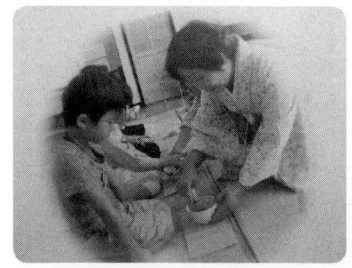

「おいしいね」

　心を込めてお茶を入れることで、これまでに経験したことのない伝統文化に触れ、「あ〜、おいしい」という言葉となって自然に気持ちが表現できた一コマである。地域文化に触れるという教育的テーマも、このように幼児にとっては、一つひとつの新しい発見であり、それを見守りながら導いてくれる人との出会いによって保育者からだけでは得られない楽しい体験ができる。

★事例から考える学習のポイント
・あなたの地域には、どのような伝統文化があるか探してみよう。
・もし、それを園に取り入れるとしたら、どのような工夫をするだろうか。

【引用文献】

1）宍戸洋子・勅使千鶴著『子どもたちの四季　育ちあう３年間の記録』ひとなる書房　1990年　pp.18－21
2）三重県伊賀市の園内研修での話題提供から要約
3）三重県鈴鹿市 平成20・21年度 鈴鹿市教育研究会委託園『研究主題 自分が好き 人が好きな 神戸の子　〜出会い ふれあい 育ちあい〜』2009年
4）同上書
5）同上書

第8章　評価の方法
―振り返りのできる保育者をめざして―

　ここでは、保育における評価のあり方とその方法について学びます。みなさんは、保育における評価と聞くと、どのようなものを思い浮かべるでしょうか。また、評価に対してどのようなイメージをもっているでしょうか。

　保育においても評価は欠かせないものであるとされています。それでは、評価はそもそも何のために行うのでしょうか。評価と聞くと、物事を等級づけするという行為を思い浮かべるかもしれません。ですが、等級づけは評価の目的の一部にすぎません。評価の目的をもう少し広い意味でとらえ直すことが必要です。

　保育における評価が必要とされるのはなぜでしょうか。また、保育における評価の目的とはどのようなことなのでしょうか。そして、どのように評価をしていけばよいのでしょうか。本章を通じて評価の大切さを深く考えてほしいと思います。

1 保育計画と評価

|1| 保育における計画の特徴

　通常、私たちは「計画通りに事が運んだ」といえば肯定的なイメージを抱くし、「計画が変わる」といえば否定的なイメージを抱くことが多い。しかし、保育において、計画通りに事が運ぶことははたして本当によいことで、計画が変わることははたして本当によくないことなのだろうか。

　2008（平成20）年に告示された『幼稚園教育要領』の第３章には、指導計画作成にあたっての留意事項として「調和のとれた組織的、発展的な指導計画を作成し、幼児の活動に沿った<u>柔軟な指導</u>を行わなければならない」[1]（下線は筆者による）と書かれている。すなわち、指導計画を立てることと同時に、その計画に基づく指導においての柔軟さが強調されている。

　保育計画の一種である日案には、通常、一日の活動の手順だけでなく、一つひとつの活動にそって「保育者による指導・援助の手立て」や「予想される子どもの姿」が書かれる。しかし、その日起こることを事前にすべて予想し、日案のなかに盛り込んでおくことはできない。つまり、保育は、保育者と子ども、保育者同士、及び、子ども同士のかかわりや相互作用のなかで流動的に絶えず変化していくダイナミックな営みである。保育計画はそうした保育の性質を無視して、タイムキーパーやスケジュールのように時間を管理したり行動を規制したりして、保育を無機的・機械的な営みに変えるようなものであってはならない。そうではなくて、保育計画は、保育のもつダイナミズムを重視しつつ、保育者の専門的な知識や経験を基に柔軟に変更されてよいものである。

|2| 評価とは何か

　前項で、保育計画は保育者の専門的な知識や経験を基に柔軟に変更されてよいものであると述べた。保育者は専門的な知識や経験を基に保育計画を変更するべきかどうか、変更するならどのように変更すればよいかを判断しなければならない。その判断をする際に必要となるのが評価である。

　評価というと、通知表やテストがまず思い浮かぶ。保育・幼児教育の段階においては、通知表やテストといったものはあまり馴染みがないが、それらがないからといって、これらの段階ではまったく評価を行わないというわけではない。むしろ積極的に評価を行う必要はある。

　ここでいうところの評価とは、幼児たちを値踏みして序列づけしたり選抜した

第8章　評価の方法　―振り返りのできる保育者をめざして―

りするものではなく、教育実践を振り返り、反省を加えて、それを改善することを目的とするものである。保育者は教育実践を改善するために評価を活用するのである。改善のための評価とは、通知表やテストのみに限定されない。改善のための評価とは、もっと広い手段を意味する。たとえば、幼児の姿を観察しメモしたもの、幼児の姿を振り返ってまとめた保育日誌、それぞれの教育実践を題材とした保育者同士の話し合い、なども評価に含まれる。すなわち、改善のための評価とは教育実践を振り返って反省を加え、そして改善につなげることのできるあらゆる手段のことを意味している。

3　保育計画と実践と評価の連動

　幼稚園や保育所における日々の教育実践は、決して無計画に行われているのではなく、各園で編成した教育課程・教育課程に基づいて年単位、月単位、週単位、日単位の指導計画を立案し、その指導計画を基に行われている。また、「幼児の実態及び幼児を取り巻く状況の変化などに即して指導の過程についての反省や評価を適切に行い、常に指導計画の改善を図ること」[2]とあるように、実践後、評価によって保育計画や実践についての振り返りがなされ、絶えず改善されていくことが前提となっている。すなわち、保育計画に基づいて教育実践が行われ、実践後、評価によって計画や実践の振り返り・点検が行われ、その結果に基づく改善が次の計画に加えられるといったように、保育計画と実践と評価は循環構造としてとらえることができる。この循環構造のことを、一般に、「Plan（計画）、Do（実践）、Check（評価）、Action（改善）」のそれぞれの頭文字をとって、PDCAサイクルという（図8－1）。

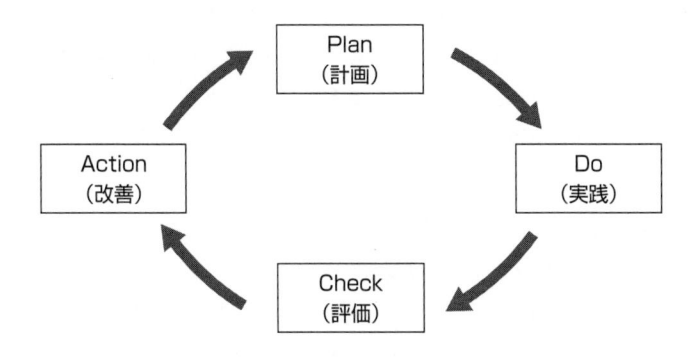

図8－1　PDCAサイクルのイメージ

　PDCAサイクルは、それが循環構造であることからも示されるように、完成を想定しない。つまり、現実の組織や人びとを対象とする運営には決して完全・確実な状態はないことを示している。保育者は自らの手でこのPDCAサイクルを運

用し、自らの実践を完成形としてではなく、未完成のものとして絶えず問い直し、よりよい実践に向けて改善していく姿勢をもたなければならない。

2 評価の主体・対象

1 評価の主体

評価の主体とは、誰が評価するかということである。評価する主体は大きく次の3つに分けられる。

① 保育者自身

評価をなにより自己改善のための一過程とみなした場合、評価の主体として第一にあげることができるのが、実践者自身である。つまり、実践者＝評価者となる場合である。これはわが国の戦後の教育評価史においても至極当然のことのように受け入れられてきた立場である。実践者には、評価を通して自己の実践を振り返り改善していくという役割が求められている。

② ほかの実践者

評価の主体として第二にあげることができるのが、ほかの実践者である。多くの場合は、近くで実践を見ていたり、子どもの様子や教育課程を共有したりしている同じ職場の実践者である。彼らは教育に関する専門性を有しているのはもちろんのこと、日ごろから彼ら自身が自己の実践を評価する立場に置かれていることから、評価に関する専門性も有している。すなわち、同僚の実践者は共通の教育理念や保育観をもっていて、実践当事者による自己評価では見落とされてしまった重要な事柄・実態を当事者に気づかせるという役割、及び、実践当事者の見解と同僚の実践者の見解をつき合わせることで、実践当事者による評価が妥当なものであるかどうかを点検する（評価の評価＝メタ評価）という役割を担いうる。

③ そのほかの人たち

さらに、評価の主体について考える際、「ステイクホルダー（stakeholder）」という概念が注目されている[3]。ステイクホルダーとは利害関係者という意味で、つまり、教育という社会的営みになんらかの形で関係している人々・組織がステイクホルダーということになる。この概念で、教育評価の主体を考えるならば、保育に直接身を置いている子ども自身も評価主体となりうることはもちろんのこと、保護者や地域住民及び教育行政機関などにまで評価の主体を広げて考えることができるだろう。ただし、そうしたステイクホルダーの評価への参加の仕方に

ついては十分な検討を要する。というのも、評価に参加するためには、最低限の評価に関する専門性が必要となるからである。そうでなければ、ステイクホルダーたちの評価はややもすれば著しく妥当性を欠いたものとなり、そうした評価に振り回されることで、本来の評価の目的である改善の循環がうまく機能しないということにもなりかねない。

2 評価の対象

評価の対象とは、何を評価するかということである。評価の対象は3つある。

① 指導・援助の方法

第一の対象としては、実践者による指導・援助の方法（○○の時のAちゃんへの指導・援助の仕方、○月○日の教室の環境構成、等々）である。すなわち、実施された指導・援助が子どもにとって適切であったかどうかが問われる。これは「実施されたカリキュラム[*1]の評価」と言われる。

② 子どもの学びの姿

第二の対象としては、子どもの学び（成長の姿）である。すなわち、教育を通して、どのような成長がみられるようになったかが評価によって明らかにされる。これは「達成されたカリキュラムの評価」と言われる。

③ 教育目的・目標

そのほかにも、「評価基準として設定されている教育目的や目標そのものについても、その妥当性が評価対象となることが重要である」[4]と述べられるように、教育目的・目標自体を分析するべき（「目標分析」）として、評価の対象とすることがある。

これらの評価の主体と対象をまとめると、次の表のようになる（表8－1）。

*1 田中耕治によると、「カリキュラムとは、『カリキュラム＝教科内容』、『カリキュラム＝子どもの学習経験総体』、『カリキュラム＝計画書』と考えるのではなく、子どもたちの成長と発達に必要な文化を意図的に組織した、全体的な計画とそれに基づく実践と評価を統合した営みと規定することが、現代カリキュラム論の立場である」とされる。（田中2008、p.86）

表8－1　評価の主体と対象

評価の主体	評価の対象
①実践者自身 ②ほかの実践者 　（同僚、主任、園長、園外の関係者） ③そのほかのステイクホルダー 　（子ども、保護者、地域住民、教育行政機関）	①指導・援助の方法 　（指導法、学習方法、環境構成、クラス運営、保護者とのやりとり） ②子どもの学び 　（成長の姿） ③教育目的・目標

3 評価の方法

1 評価における２つの意味

　日本語で「評価」といった場合、厳密に言うと次の２つの意味が含まれている。１つは、「実態把握」としての評価であり、もう１つは、「価値判断」としての評価である[5]。実態を把握するだけの評価では、改善につながらない。たとえば、「AちゃんがBちゃんに手裏剣のつくり方を教えた」ということが観察されたとする。しかし、これは、そういったことがあったという実態がとらえられたということにすぎず（実態把握）、「AちゃんがBちゃんに手裏剣のつくり方を教えた」ことの価値を判断するものではない。現在の計画及び指導・援助の方法を大きく方向転換すべきなのか、小さな変更にとどめるべきか、あるいは変更しないほうがよいのかを決定するためには、このAちゃんの行動の価値を保育者が判断できるようにならなければならない（価値判断）。

2 実態把握の方法

　実態把握としての評価方法には、観察法とテスト法の２つがある[6]。観察法は観察のための特別な場所や時間は限定せず、日常の実践においてみられることについて記録をとっていくというやり方である。一方、テスト法は決められた場所・時間において幼児に何かしらのパフォーマンス課題を与え、その課題の解決状況を観察・記録するというやり方である。
　観察法とテスト法の使い分けについて、橋本重治は、観察法はテスト法ではとらえられない自発性や積極的能力をとらえうるという長所をあげる一方で、観察法は偶発的に行われるので組織的でないという欠点があることを指摘する[7]。
　幼児教育の分野における評価では、テスト法よりも観察法が一般的である。観察法に基づく評価の一種であり、一人ひとりの幼児の日々の学び・成長をとらえ記録する手段として保育日誌がある。保育日誌はわが国の保育実践で広く用いられている。その書式例は図８－２の通りである。
　一般的に、保育日誌は実践中よりも実践後に実践の振り返りの一環として記入される。図８－２の書式に従うならば、「子どもの活動」の欄には、観察された子どもの活動の様子を実践後に振り返りつつ具体的に書いていくことになる。一人ひとりの子どもの様子を具体的にとらえるために、固有名詞で書くこともある。「保育者の援助・留意点」の欄には、その時行った指導・援助にあたって留意したことを記していく。保育日誌を書く過程自体が自らの実践を振り返る直接的な

第8章 評価の方法 ―振り返りのできる保育者をめざして―

平成　　　年　　　月　　　日（　）（天候：　　　）				
組（　　歳児）　男児　　名　女児　　名				
ねらい				
時間	環　境	子どもの活動		保育者の援助・留意点

図8-2　日誌の書式（例）

　契機となるほか、自らの行動が記録として蓄積していくことで自己の実践を客観的・継続的に振り返ることも可能となる。また、「子どもの活動」と「保育者の援助・留意点」をはじめとするそれぞれの記録は、実践を始終観察していたわけではない第三者に、意見及び指導を求める際にも有効な資料として活用しうる。
　そのほかに、公的な性格をもった評価の方法として、幼稚園幼児指導要録（図8-3）、保育所児童保育要録（図8-4）がある。幼稚園幼児指導要録は幼稚園で、保育所児童保育要録は保育所で用いられる要録の名称である（以下、ともに指導要録という）。指導要録は、幼児の学籍並びに指導の過程とその結果の要約を記録し、その後の指導及び外部に対する証明等に役立たせるための原簿となるものであり、学校教育法施行規則によって、その作成と保存が義務づけられている。
　次ページには、幼稚園の指導要録では学籍の部分を省いて、指導に関する部分だけを紹介する。幼稚園も保育所も、5領域に分けて子どもの育ちの姿を記録するようになっている点は共通している。
　また、集団で行う評価の方法として、保育カンファレンスがある。保育カンファレンスとは、幼児の姿や保育者の指導・援助あるいは環境設定などを話題として、参加者たちがそれぞれの視点から観察結果をもちより自己の見解を述べあいながら実態把握を深める評価の方法である。

幼稚園幼児指導要録（指導に関する記録）

ふりがな 氏名 平成　年　月　日生 性別	指導の重点等	平成　年度 (学年の重点)	平成　年度 (学年の重点)	平成　年度 (学年の重点)	平成　年度 (学年の重点)
ねらい （発達を捉える視点）		(個人の重点)	(個人の重点)	(個人の重点)	(個人の重点)

	ねらい（発達を捉える視点）	指導上参考となる事項
健康	明るく伸び伸びと行動し、充実感を味わう。	
	自分の体を十分に動かし、進んで運動しようとする。	
	健康、安全な生活に必要な習慣や態度を身に付ける。	
人間関係	幼稚園生活を楽しみ、自分の力で行動することの充実感を味わう。	
	身近な人と親しみ、かかわりを深め、愛情や信頼感をもつ。	
	社会生活における望ましい習慣や態度を身に付ける。	
環境	身近な環境に親しみ、自然と触れ合う中で様々な事象に興味や関心をもつ。	
	身近な環境に自分からかかわり、発見を楽しんだり、考えたりし、それを生活に取り入れようとする。	
	身近な事象を見たり、考えたり、扱ったりする中で、物の性質や数量、文字などに対する感覚を豊かにする。	
言葉	自分の気持ちを言葉で表現する楽しさを味わう。	
	人の言葉や話などをよく聞き、自分の経験したことや考えたことを話し、伝え合う喜びを味わう。	
	日常生活に必要な言葉が分かるようになるとともに、絵本や物語などに親しみ、先生や友達と心を通わせる。	
表現	いろいろなものの美しさなどに対する豊かな感性をもつ。	
	感じたことや考えたことを自分なりに表現して楽しむ。	
	生活の中でイメージを豊かにし、様々な表現を楽しむ。	

出欠状況		年度	年度	年度	年度	備考
	教育日数					
	出席日数					

学年の重点：年度当初に、教育課程に基づき長期の見通しとして設定したものを記入　　　個人の重点：一年間を振り返って、当該幼児の指導について特に重視してきた点を記入
指導上参考となる事項：　(1) 次の事項について記入すること。
　　①1年間の指導の過程と幼児の発達の姿について以下の事項を踏まえ記入すること。
　　・幼稚園教育要領第2章「ねらい及び内容」に示された各領域のねらいを視点として、当該幼児の発達の実情から向上が著しいと思われるもの。
　　　その際、他の幼児との比較や一定の基準に対する達成度についての評定によって捉えるものではないことに留意すること。
　　・幼稚園生活を通して全体的、総合的に捉えた幼児の発達の姿。
　　②次の年度の指導に必要と考えられる配慮事項等について記入すること。
　　(2) 幼児の健康の状況等指導上特に留意する必要がある場合等について記入すること。

図8－3　幼稚園幼児指導要録（指導に関する記録）様式の参考例

第8章　評価の方法　―振り返りのできる保育者をめざして―

保育所児童保育要録

ふりがな		性別		就学先	
氏　名				生年月日	平成　　年　　月　　日生

保育所名 及び住所	(保育所名)	(住所)〒　　－

保育期間	平成　　年　　月　　日　〜　平成　　年　　月　　日　(　　年　　か月)

子どもの育ちに関わる事項

養護(生命の保持及び情緒の安定)に関わる事項 ／ (子どもの健康状態等)

教育(発達援助)に関わる事項

項目		
健康	・明るく伸び伸びと行動し、充実感を味わう。	
	・自分の体を十分に動かし、進んで運動しようとする。	
	・健康、安全な生活に必要な習慣や態度を身に付ける。	
人間関係	・生活を楽しみ、自分の力で行動することの充実感を味わう。	
	・身近な人と親しみ、関わりを深め、愛情や信頼感を持つ。	
	・社会生活における望ましい習慣や態度を身に付ける。	
環境	・身近な環境に親しみ、自然と触れ合う中で様々な事象に興味や関心を持つ。	
	・身近な環境に自分から関わり、発見を楽しんだり、考えたりし、それを生活に取り入れようとする。	
	・身近な事物を見たり、考えたり、扱ったりする中で、物の性質や数量、文字などに対する感覚を豊かにする。	
言葉	・自分の気持ちを言葉で表現する楽しさを味わう。	
	・人の言葉や話などをよく聞き、自分の経験したことや考えたことを話し、伝え合う喜びを味わう。	
	・日常生活に必要な言葉が分かるようになるとともに、絵本や物語などに親しみ、保育士や友達と心を通わせる。	
表現	・いろいろなものの美しさなどに対する豊かな表現を持つ。	
	・感じたことや考えたことを自分なりに表現して楽しむ。	
	・生活の中でイメージを豊かにし、さまざまな表現を楽しむ。	

施　設　長　名　　　　　　　　　　㊞　　担当保育士名　　　　　　　　　　㊞

※　「子どもの育ちに関わる事項」は子どもの育ってきた過程を踏まえ、その全体像を捉えて総合的に記載すること。
※　「養護(生命の保持及び情緒の安定)に関わる事項」は、子どもの生命の保持及び情緒の安定に関わる事項について記載すること。また、子どもの健康状態等について、特に留意する必要がある場合は記載すること。
※　「教育に関わる事項」は、子どもの保育を振り返り、保育士の発達援助の視点等を踏まえた上で、主に最終年度(5,6歳)における子どもの心情・意欲・態度等について記載すること。
※　子どもの最善の利益を踏まえ、個人情報保護に留意し、適切に取り扱うこと。

図8－4　保育所児童保育要録 様式の参考例

3 価値判断の方法

わが国ではこれまで、実態として把握された子どもの姿がどのような状態なのか（好ましいのかそうでないのか）を判断するための方法がいくつか提案されてきた。その代表的なものを3つあげて説明しよう。

① 相対評価法

相対評価法とは、それぞれの段階の人数配分をあらかじめ決めて、その比率に従って子どもの成長の程度を段階分けするという方法である。

たとえば、5段階の場合、上位○%が5で、続く○%が4で……といったようにして段階分けが行われる。この価値判断方法では、ほかの子どもの成長と比べての相対的位置が明確となるという長所がある。一方、どのような実践を行っても1から5までの子どもが一様に生まれる方法であることから、実践を振り返り反省を加えるための評価には向かないという短所がある。

② 基準準拠型の評価法

基準準拠型の評価とは、評価しようとするものについてあらかじめ評価基準を設け、実態把握した後、この評価基準にしたがって到達度（価値）を判断するものである。その際、教育を通じて育てようと意図していた物事（教育目標）が評価の観点とされることが多い（目標準拠評価）。この評価によって子どもや教育の到達・達成状況が明確になり、評価者は自らの実践の改善すべき点を見出すことができる。基準準拠型の評価において課題となるのは、信頼性の問題である。基準準拠型の評価において、評価の信頼性を保証するためには、評価者によって基準にバラつきがでないように工夫がなされなくてはならない。一般的には評価者間で評価基準のすり合わせ（モデレーション）が必要となる。

③ 教育的鑑識眼（educational connoisseurship）に代表される評価法

アイズナー（Eisner,E.W.）は専門家の判定に基づく評価のアプローチを教育的鑑識眼として提起した[8]。評価者が教育・評価についての広範囲の教養・専門性を有している場合、その評価者が行う価値判断は、明示された評価基準表等に頼らずとも信用に足るものになる。こうした評価方法は、明示された評価基準表等がないため、説明責任の面において成熟させていかねばならない部分も残っているが、即時の判断が可能となることが利点である。すなわち、評価基準表などの開発には時間的・費用的コストがかかり、それが保育者の職務を圧迫してしまうが、この評価方法はそのようなコストがかからない[*2]。日常的に評価を行って、PDCAサイクルを運営していくためには、このような評価方法の果たす役割は大きい。

*2 例として、全国保育士養成協議会現代保育研究所編『やってみよう！私の保育の自己評価 厚生省ガイドライン付』（フレーベル館 2009年）やハームス他著（埋橋玲子訳）『保育環境評価スケール ①幼児版・②乳児版』（法律文化社 2008年）などがある。

4 実践事例から学ぶ

1 保育者自身による保育日誌の記録から

　事例1は私立T保育園の5歳児担任の保育日誌である。保育者の指導・援助やその意図及び幼児の姿が300〜400字程度で毎日担任によってまとめられている。事例1では同じ担任の書いた2012（平成24）年4月と2012（同24）年8月の保育日誌を取り上げたものである。

●**事例1　5歳児ぞう組担任の保育日誌**（下線は筆者による）

・2012（平成24）年4月保育日誌（5歳児ぞう組担任）

日	記事・反省・特記事項
11日	集会後、クレヨンと絵の具ではじき絵に取り組んだ。テーマは「青空」。折り紙製作のこいのぼりを合わせる予定。基本は白クレヨンで雲を描いてもらう形だったが、話を十分に聞かないまま取り組みを始めた子たちは自由画と思って描写した。<u>最後まで話を聞く姿勢が全体に身についていけるようにしたい</u>。青空の色は好みに合わせて濃淡をつけられるように配合した。 　週交替で係に取り組んでいるが、すすんでやろうとする子が増えている。おもちゃ係については、全体に内容があいまいな様子でもあり、片づけにも人任せな傾向があってなかなかはかどっていないことから、<u>今後大切な役割であることを強調して意識を高めていきたい</u>。 　Aちゃん…乾燥から背中と首の後ろに発疹あり。背中は快方へ。首の後ろ部分は化膿して赤く突起している。受診を促す。
12日	ぞう組になって初めてのリトミック。前年度の内容をよく覚えていて、やや控えめではあるが、自分から表現しようとする子が半数以上。 　Bくん、Cくん、Dさん…反応が早い。Eさんは途中で度々窓ぎわにもたれてしまうが誘うと再開できる。Fくんは朝から耳に水がたまって体調がすぐれないため、あまり動かないように自分で気をつけて参加していた。午後からは元気が戻った。母親とも電話で連絡相談をした。 　昼食後、やりたい子から折り紙製作（こいのぼり）に取り組んだ。つくる目標を3〜6個と設定したら、ほとんどの子が6個つくり上げた。Gさんは難しい尾のところは最後まで自分でやろうとせず「できない」と頼る。Hさんは、Iさん、Gさんの動向に合わせて自分の取り組みを決めているので、「Hちゃんは何色がいい？」など本人の考えを意識させる。
13日	午後からいちご狩りへ出かけた。黒板にスケジュールを書いて事前に説明していたが、時間が気になって仕方のない様子が多くみられた。Bくんは朝起きた時から「45分？」（出発時間）と気にかけ、園でも度々質問。紙時計

159

日	
13日	の針を動かしてみんなに説明した。給食は少し早めにおかわりなしで用意してもらった。 　Jさん、Kさんはおしゃべりに気をとられ、予定より遅れて食べ終わる。全体を意識して食べ進めていけるようになってほしい。バスの中やハウス内での約束事を守ろうとする子が多く、目立って注意することはなかった。本当に甘いいちごでLくん、Kさんも「おいしい」と食べていた。Mさんはもつのも嫌そうな様子だが、おいしそうないちごを保育者にもってきてくれた。なかよし公園でも遊びを楽しんだ。
14日	午前中は戸外遊びを中心に、折り紙製作を進めた。Eさんは昨夕37.7～38.4℃あったが、クッキングを楽しみに登園。こまめに様子を見ながら一人室内でブロックを製作。クッキング前は準備に時間がかかり、自分ではやろうとしなかった。 　朝からクッキングを楽しみにしている子が多く、「まだ？」と何度も尋ねられた。紙の時計で時間を示して時計と照らし合わせることで、納得できる子も増えている。トッピングのみの簡単な作業だが、好みのものを盛りつけて楽しく食べることができた。 　Mさんはバナナとメープルシロップのみに偏るが、給食ではがんばっているので無理強いはしないで楽しむことを優先した。Fくんは遊びのなかで怒ってOさんの腕をかんだ。
15日	9:45、近くのお寺へ出かける。ぱんだ組（3歳児）の子たちと手をつないで歩いた。安全に誘導する立場となり、事前の約束事も改めて丁寧に問いかけ、意識を高められるようにした。相手の子のペースを尊重して、歩みがゆっくりになりすぎてしまう子も数人いたが、その子なりのいたわりの態度でもあることを配慮して言葉がけを行った。 　お寺ではお堂の床下の土台部分に入り込んで遊ぼうとする子が多かったが、こあら組（2歳児）の子どもたちの安全や建物を大切に扱いたい思いから、やめるよう声かけした。途中の畑では、レンコンの育つ様子を間近に見ることができて良い経験になった。Eさん、Fくん、Gさん、Pさんは米飯がすすまず残す。Eさんは周りの一言に傷つきやすい。言葉がはっきりしないつぶやきが多いので、じっくり聞く姿勢が必要である。

・2012（平成24）年8月保育日誌（5歳児ぞう組担任）

日	記事・反省・特記事項
1日	戸外遊びを楽しみながら、あんどんの仕上げにも取り組む。Jさんは最後まで傍らで上手に手伝ってくれる。「先生がたいへんだから、Jやめないよ」とうれしいことを言ってくれる。日常では甘えん坊な面があり、だっこをよくせがむが、長女としてしっかりと優しく育っている。 　Mさんは午前中からやや機嫌が悪いのか、Kさんにきつくあたる。鼻水も出ていて、肩が痛いと言っていた。食事中はチアの振り付けをみんなに見せる元気もあったが、「眠たい」というので検温すると38.0℃で連絡、降園。咳

第8章 評価の方法 —振り返りのできる保育者をめざして—

	が出ている子も数人いるので体調の変化に留意する。
2日	プールは雨で中止となった。室内では折り紙に熱心に取り組む子が増えている。7月は折り紙製作ができなかったので、今月は何か取り入れたい。前回のUFOを覚えている子もいた。人気なのは「カエル」で、動かして遊べるところがよいらしい。上手に折れる子でも難しい箇所がいくつかあるので、保育者任せになる子も半数だが、一枚の紙からできるおもしろさや不思議さを実感してもらいたい。屋外遊びのできない雨の日は折り紙3枚までという約束を守れるようになってきた。
3日	スライム遊び。前日に十分な準備をしておかなかったことが一番の反省。ホウ砂の飽和水溶液の濃度が薄かったため、スライムがやわらかすぎた時に子どもが移動してしまい、室内にたらしながら歩くことになった。後でホウ砂水をつくり直してある程度固めたが、室内の掃除や子どもたちのシャワーで大忙しとなってしまった。食紅を使ったので、色はとてもきれいだった。昼から子どもたちが楽しみながらサンダルやたらいを洗ってくれた。Eさん、Qくんは自分でやることが見つけられずに追いかけっこをしていた。
4日	今日はプールの水量が多かったので、順番を変更してぞう組からプールに入れることにした。Qくんは「プールカードは×」だったが、朝から「プールに入りたい」とせがみ、まとわりついていた。36.9℃だったので、母親に連絡をとってプールに入ることになると、自分で着替えをすませた（脱いだものはそのまま）。プール後37.1℃、降園時37.3℃。Dさんは午睡時の検温で37.8℃。午睡後37.1℃。咳から熱になる子がJさん以来数人みられる。今後の体調に注意する。Nくんは午睡時に落ち着きなく注意する。静かにしているとタオルをむしっているので、大切に扱うよう声をかける。
5日	8月生まれの誕生会に参加する。Rさんは誕生児としてインタビューを受けるが緊張していた。咳がよく出ていてのどがしゃがれている。食欲は変化なし。お世話好きだと紹介したためか、1日を通して「Rがやってあげようか？」など率先して手伝ってくれていた。よく気がつくだけに、相手に対する言葉がけがきつくなってもめることもあった。Bくんはまだ夏休み中。来週は連絡をとってみようと思う。Sくんは片づけをせずにふらふらしていたところを見て、保育者が「あら、あら…」と声をかけた途端に床に伏せてしまった。自分でいけないところはよくわかっている様子。Qくんは38.1℃のため降園。

　担任は意図的に固有名詞を用いて日誌を記述している。結果として、日誌を書くなかで、幼児一人ひとりの様子について振り返りを行い、次の日の保育計画に向けた反省を加える。日誌には実態の記録のみにとどまらず、保育者の所感（下線部）が書かれている。すなわち、日誌には実態把握と所感を含めた価値判断との両方の記述が盛り込まれている。

　4月の日誌では新しいクラスの担任として幼児一人ひとりの姿に注意を向けよ

うという姿勢から、日誌のなかで幼児の固有名詞が特に多く用いられている。一方、8月の日誌では継続して固有名詞を用いた記述がなされるが、幼児たち全体に関する記述やたくさんの固有名詞を用いての記述は4月の日誌ほどみられなくなった。代わりに、一人の幼児についての記述がより厚みのあるものになってきている。たとえば、一人の幼児の言ったことや一人の幼児の姿にある程度の分量を費やしてより具体的に記述されることが多くなっている。

★事例から考える学習のポイント
・限られた時間、限られた分量で日誌を書く際に、保育者はどんなことに留意して記述しているだろうか。
・4月の日誌と8月の日誌を比較して、保育者の記述の視点にどのような違いが読み取れるだろうか。

2 職場仲間とのカンファレンスの様子から

●事例2　8月上旬の保育カンファレンス[*3]

5歳児クラスのSちゃんが以前と比べてトイレに行きたいと頻繁に訴えるようになったことが5歳児クラスの担任から報告され、その原因とSちゃんに対する今後の指導・援助のあり方について保育者同士で話し合いがなされた。

*3　カンファレンスとは1つのテーマについて複数人で協議することである。検討会ともいう。

担任：「Sちゃんのことなんですけど、トイレに行きたいと頻繁に訴えるようになる時があって、今もそれが続いています。」
保育者A：「最近のSちゃんを見ていて何か気になったことなどはありましたか？」
担任：「原因をいろいろ考えた結果、プールが原因だったのではないかと思っています。Sちゃんのお母さんにもこのことを話してお母さんのほうからSちゃん本人に理由を聞いてもらったところ、『プールが嫌だった』とお母さんにも言ったそうです。ついこの前もプールの時間の前に何度もトイレに行きたいと私に言ってきて、プールに入れないくらいでした。」
保育者B：「プールでのSちゃんの様子を私も見ていましたが、水に対してけっこう大胆な時もありますよね？今日のプールは楽しそうにし

第8章 評価の方法 —振り返りのできる保育者をめざして—

　　　　　　ていたように思いましたよ」
　　担任：「たしかにそのとおりです。プールの時間の前でも普通にしていることもありますね。そういえば、プールでＳちゃんのほうから自分の身体を水のなかに『放り投げて』と言ってくることもありましたね…」
保育者Ｂ：「放り投げてもらって、その時のＳちゃんの様子はどうでした？」
　　担任：「その時は楽しそうにしていたんですが…」
保育者Ｃ：「もしかしたら、その時はよくても、後になって恐怖心が残ったのかもしれないですね」
　　担任：「そうですね…。トイレに行きたいと頻繁に訴えた原因がプールに対する一時的な緊張ということならいいのですが…。楽しそうにしていても実はしんどかったのかもしれないです。あるいはほかに原因があるのかもしれないですね。今後もう少し様子を見ていこうと思います」

　このカンファレンスの事例では、担任が対応に困った具体的エピソードをメンバー全員でシェアし、話し合いが行われている。この話し合いを通して、担任はほかの保育者と経験や悩みを共有しつつ、多視点的に物事を見ることによって、問題解決の手立てを探っている。
　幼児の行動の原因を読み取るのは、経験を積んだ保育者であっても容易ではない。この事例のように、Ｓちゃんが「トイレに行きたい」と頻繁に訴えるのは、必ずプールの時間の前であったことから、プールがその行動の原因と関係していることはある程度推察できるが、Ｓちゃんはプールの時間前になると毎回トイレに行きたいと訴えるわけではなかった。担任は、Ｓちゃんはプール（水）が怖いのではないかという予想をしている一方で、プールで放り投げてもらって楽しそうにしているＳちゃんの姿を見ている。このように、プールに入るという同じ行為であっても、それに対する幼児の反応はその時々で大きく異なることがある。
　カンファレンスのなかで、最初、担任はＳちゃんの行動の原因はプールにあるとある程度断定している。ただし、単独の判断によって断定しているわけではない。担任は、Ｓちゃんの母親にも話をして母親からもＳちゃん本人に理由をたずねてもらうことで、深く原因について探ろうとしている。だが、保育者Ｂからプールで楽しそうにしているＳちゃんの姿があったことが伝えられ、担任自身が楽しそうなＳちゃんの姿を思い起こし、断定しかけていたプールという原因について考え直すきっかけが生まれた。
　また、目に見える幼児の姿がすべてではないことにも言及された。楽しそうにしていても幼児にとってはいろいろな受けとめ方がなされていることがあるとい

うことが、保育者Cから提起された。これによって、Sちゃんが実はしんどかったかもしれないという方向からも今後実践が見直されるきっかけを生んだ。

★事例から考える学習のポイント
> ・カンファレンスの意義とはどのようなところにあるだろうか。
> ・もし、あなたが担任だったら、今後どのようなことに留意してSちゃんに接していこうと考えるだろうか。

　本章では、保育における評価のあり方と方法について学習した。保育においては、実践の振り返りが欠かせない。その振り返りこそが保育における評価の本質と言ってよい。振り返りと一言でいっても、その対象となる幼児の姿や保育の実践は非常に複雑であり単一の評価方法によってすべてを振り返ることは難しい。保育者は、本章で取り上げたそれぞれの評価方法の特徴について理解し、それらを複数用いて多面的な評価を行って自己の実践の振り返りを行い、さらによりよい保育をめざして改善していくことが必要となるだろう。
　振り返りや評価を丁寧に行うことを積み重ねることが、保育者自身の成長を促し、保育者も幼児とともに成長していく喜びへとつながるのである。

【引用文献】
1）『幼稚園教育要領 平成20年告示』フレーベル館　2008年　p.13
2）同上
3）田中耕治『教育評価』岩波書店　2008年　p.58
4）西岡加名恵『教科と総合に活かすポートフォリオ評価法』図書文化社　2003年　p.17
5）梶田叡一『教育評価［第2版補訂版］』有斐閣　2002年　p.1
6）橋本重治原著・応用教育研究所改訂版編集『教育評価法概説』図書文化社　2003年　p.83
7）同上
8）Cf., Eisner,E.W."The Enlightened Eye –Qualitative Inquiry and the Enhancement of Educational Practice-" Prentice-Hall Inc 1998 p.63

【参考文献】
天野正輝『評価を活かしたカリキュラム開発と授業改善』晃洋書房　2006年
辰野千壽・石田恒好・北尾倫彦『教育評価事典』図書文化社　2006年
田中耕治編『よくわかる教育評価』ミネルヴァ書房　2005年
田中耕治『新しい「評価のあり方」を拓く─「目標に準拠した評価」のこれまでとこれから─』
　日本標準　2010年

第9章　小学校低学年の「生活科」の指導方法

　最後に、小学校低学年の「生活科」の指導方法について学びます。

　みなさんの小学校時代、「生活科」の授業がどのような内容だったか思い出してみてください。小学校から教科を通した学習活動になりますが、教科のなかでとりわけ「生活科」は、具体的な活動や経験を通して「自立への基礎」を養うものです。

　小学校低学年の「生活科」はどのような教科であるのか、教科の目標と創設の経緯について述べ、創設の経緯から学習指導要領（生活）の変遷を中心に検討していきます。そして、学習指導要領新旧比較を中心に、現行の学習指導要領（生活）の内容がどのようなものであるか述べていきます。

　また、生活科の実践について取り上げ、子どもがどのように自らの生活を見つめ、表現し、生活に向き合っていくのかについての事例を考察します。考察の対象とするのは、ある子どもが自分のもってきた幼虫が何であるのかの判断する場面です。

　具体的な活動や経験を中心とする「生活科」の事例を通して、幼児教育での遊びが小学校でどのように学習活動に発展していくのか、イメージしていきましょう。

1 小学校低学年の「生活科」とは

　本節では、幼稚園や保育所を卒園した子どもたちが、小学校に入学した直後に、学ぶ教科として、低学年のみに特別に設置されている「生活科」について述べる。この教科は、現在、保育や幼児教育を学ぼうとしているみなさんは、すでに、小学校時代に体験してきたはずである。何らかの記憶も残っているであろう。幼児期から学童期に移行して学校の授業という形での学びをするこの「生活科」という教科が、どのような特徴をもっているのかを知るために、この教科の目標とこの教科がどのような経過をたどって設置されたのかについて理解しよう。

|1| 「生活科」とは

（1）どのような教科か

　「生活科」という授業は、今から約20数年前の1989（平成元）年の学習指導要領改訂・告示によって、低学年向けに新たに設けられた科目である。戦後長く続いた小学校の教科改編のなかでは、大きな変革の1つであるといわれる。

　戦後50年近く存続してきた「社会」と「理科」という教科を低学年（1・2年）では廃止して、「生活科」という新しい教科が設けられたのである。「生活科」は、それまでの「社会」と「理科」の2つの教科を合わせて1つの教科にしたのではなく、それ以外の各教科（たとえば、国語や算数など）との相互関連を積極的に図ることが求められている。

　また、「生活科」は小学校低学年のみで展開している教科であるところに、大きな意義をもつ。とりわけ第1学年入学当初におけるスタートカリキュラムとして、「生活科」は合科的な指導[*1]を担う中心的な教科であるといえる。低学年の学習は幼児教育における遊び的学習から授業的学習へと学びの形が移行する段階であり、そのスムーズな移行のための幼児教育との関連性が求められる。そして、低学年での学びは、第3学年以降の「総合的な学習の時間」への発展のための中核の1つとなる教科と考えられている。

　つまり、「生活科」は幼児期の学びと小学校中学年以上の本格的な学習とをつなげていくうえで、7歳から10歳くらいの児童にとって特別な意義をもつ教科なのである。図9-1のような流れとなる。

　「生活科」の目標や内容は1989（平成元）年の学習指導要領改訂以降、1998（同10）年、そして現行の2008（同20）年と2度改訂されて、今日に至っている。以下に、その変更部分についてポイントをしぼって説明していく。

[*1]「合科的な指導」とは、教科のねらいをより実現するために、単元や1コマの時間内で、複数の教科の目標や内容を合わせて学習活動を行うものである。

```
┌─────────────┐      ┌──────────────┐      ┌──────────────┐
│ 幼児期の学び  │      │小学校低学年(1・2年)│      │ 3学年以降の   │
│             │  →   │ の学び＝生活科 │  →   │ 本格的な学び  │
│ 遊びによる環境│      │ 基本的な活動や体験│      │ 教科の授業   │
│ を通しての学び│      │ を通しての自立 │      │ 総合学習の時間│
└─────────────┘      └──────────────┘      └──────────────┘
```

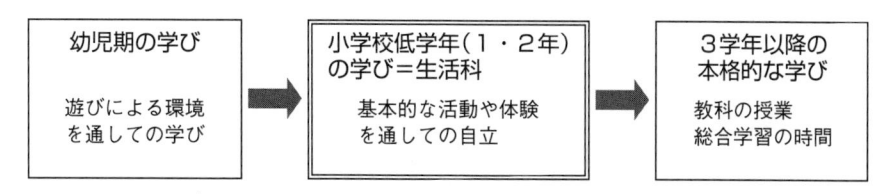

図9－1　幼児期と学童期の学びの流れ

（2）教科の目標

　2008（平成20）年「学習指導要領（生活）」によると、この教科の目標は以下のように示されている。

> 具体的な活動や体験を通して、自分と身近な人々、社会及び自然とのかかわりに関心をもち、自分自身や自分の生活について考えさせるとともに、その過程において生活上必要な習慣や技能を身に付けさせ、自立への基礎を養う。

　この目標自体は、1989（平成元）年版と比較すると、「身近な社会及び自然」の前に「人々」という文言が1998（同10）年版より加わり、現行も変更はない。これは、「人とのかかわりをさらに重視する」ため表現が改められたのである。
　教科目標は、5つの要素で構成されており、それは、以下のようである。
（1）具体的な活動や体験を通して
（2）自分と身近な人々、社会及び自然とのかかわりに関心をもち
（3）自分自身や自分の生活について考えさせるとともに
（4）生活上必要な習慣や技能を身に付けさせ
（5）自立への基礎を養う
　この5つの要素は、（1）と（5）の間に（2）（3）（4）が組み込まれた構成になっている。
　生活科の教科目標について、「学習指導要領解説」によると、「最も端的にいえば『具体的な活動や体験を通して、自立への基礎を養う』ことである」とされている。そして、「生活科」の学習において、取り扱う内容のポイントは以下の3点とされている。

・自分と身近な人々、社会及び自然とのかかわりに関心をもつこと
・自分自身や自分の生活について考えさせること
・生活上必要な習慣や技能を身に付けさせること

　幼稚園教育要領の5領域のなかの「人間関係」や「環境」のねらいと似ているようで、よく読むと微妙に異なっている点に着目してほしい。以下にそれぞれ説明を加えてみよう。筆者がアンダーラインを引いた箇所から読み取ってほしい。

① 具体的な活動や体験を通すこと
　具体的な活動や体験を通すこととは、子どもが学習対象に直接働きかける学習活動である。それは、たとえば、見る、聞く、触れる、つくる、探す、育てる、遊びなどである。また、そのような活動の楽しさやそこで気付いたことなどを言葉、絵、動作、劇化などの方法によって表現する学習活動も求められている。
　このように、子どもが直接働きかけ、表現による振り返りから、気付きを生み、自立への基礎を養おうとしているのであるといえる。

② 自分と身近な人々、社会及び自然とのかかわりに関心をもつこと
　自分と身近な人々、社会、自然とのかかわりにおいて、一方向的なものではなく、双方向的なものが求められる。子どもたちが自ら人々、社会、自然などとかかわり、そしてかかわられることによって、何らかの気付きへと連動していくような双方向性のある活動となる。
　このように、自分のみが対象に働きかける、あるいは、対象だけに働きかけられるのではないということが双方向的なものといえる。そこで、親しみをもち、対象への気付きとなる。そのような主体的な活動ができるようにすることが自立への基礎を養う上で重要であるとされている。

③ 自分自身や自分の生活について考えること
　自分自身や自分の生活について考えるということは、子どもが身近な人々、社会及び自然と直接かかわる中で、自分自身や自分の生活について新たな気付きをすることである。そして、自分自身への気付きとは、自分の成長に気付くということである。「できなかったことができるようになった」、「自分の得意なことが何かわかるようになった」等の自分の成長である。「気付き」がポイントである。

④ 生活上必要な習慣や技能を身に付けること
　子どもが身近な人々、社会、自然とかかわるなかで、それに必要な習慣や技能を身に付けることがめざされている。生活上必要な習慣とは、生活のリズムを整える、病気の予防に努める、安全への意識を高める、道具や用具の準備、片付け、整理整頓ができる、遊びのルールを守る、施設や公共の場所のルールやマナーを守る、時間を守る、適切なあいさつや言葉遣いができる、訪問や連絡、依頼の仕方を知るなどがある。また、技能には、手や体を使って友だちと仲良く遊ぶ、必要な道具を使って遊んだり、ものをつくったりする、動物や植物の世話ができる、電話や手紙などを使って連絡するなどがあげられている。「身に付ける」「できる」がポイントである。

⑤ 自立への基礎を養うこと

　これは、生活科の究極的な目標である。ここでいう自立とは、以下の3点が意味されている。それは、(1) 学習上の自立、(2) 生活上の自立、(3) 精神的な自立である。これら3つの自立は、それぞれ以下のように述べられている。

(1)「学習上の自立」とは

　自分にとって興味・関心があり、価値があると感じられる学習活動を自ら進んで行うことができるということであり、自分の思いや考えなどを適切な方法で表現できるという学習上の自立である。

(2)「生活上の自立」とは

　生活上必要な習慣や技能を身に付けて、身近な人々、社会及び自然と適切にかかわることができるようになり、自らよりよい生活を創り出していくことができるという生活上の自立である。

(3)「精神的な自立」とは

　自分のよさや可能性に気付き、意欲や自信をもつことによって、現在及び将来における自分自身の在り方に夢や希望をもち、前向きに生活していくことができるという精神的な自立である。

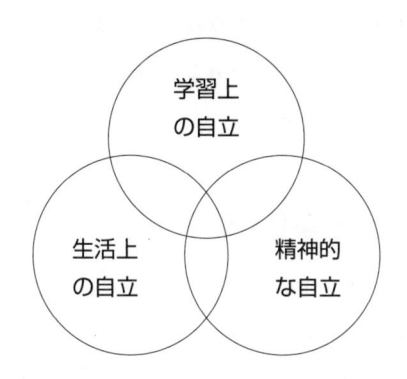

図9－2　生活科で求められる3つの自立

　このように、学童期の入り口でもある小学校低学年の「生活科」では、3つの自立への基礎（図9－2）が強調され、それらは互いに支え合い補い合いながら、豊かな生活を生み出していくことに役立てられるものであるとされている。

2 「生活科」の創設まで

「生活科」が創設された経緯をみていくと、当初は幼児教育と小学校低学年児童の発達段階や学習実態について、近似性を触れながらも、教科の構成を変更し、新教科の設置まで20年近く検討されてきた。当初から合科的な指導については推進するようにし、次第に、社会・理科だけの「合科」ではなく、学習活動全般にわたっての合科的な指導、教科の総合化（新教科）が追求されてきたのである。

このように長い議論を経て、小学校低学年の新教科として「生活科」が誕生したのである。この教科の重点は以下の点にあると理解できる。

- 社会と理科の合科ではない
- 具体的な活動や体験を通して、「自立への基礎を養う」
- 低学年の子どもの発達状況を考慮して「総合的な指導」を行うことが望ましい
- 第3学年以降の「総合的な学習の時間」への発展となるものである

2 「生活科」の特徴と意義について
―学習指導要領新旧比較を中心に―

現行の学習指導要領の内容がどのようなものであるのかについてより理解しやすいように、本節では「生活科」の特徴と意義について、学習指導要領新旧比較しながら、述べていくこととする。

1 1998年版学習指導要領について

1998（平成10）年度学習指導要領の改訂にあたって、1990年代後半の学校教育においては「生きる力」の育成が柱としてあげられたことをまず理解しておく必要がある[1]。そして、「総合的な学習の時間」、「完全学校週5日制」の実施で、「ゆとりのなかで生きる力をはぐくむ」という、「特色ある教育」が実施された。

その改訂において、「生活科」では改善の基本方針が3点あげられた[*2]。

①児童が身近な人や社会、自然と直接かかわる活動や体験を一層重視すること
②直接かかわる活動や体験の中で生まれる知的な気付きを大切にする指導が行われるようにすること
③各学校において、地域の環境や児童の実態に応じて創意工夫を生かした教育活動や、重点的・弾力的な指導が一層活発に展開できるようにすること

*2 改訂にあたり、「児童の学習状況については、直接体験を重視した学習活動が展開され、おおむね意欲的に学習や生活をしようとする態度が育っている状況にあるが、一部に画一的な教育活動がみられたり、単に活動するだけにとどまっていて、自分と身近な社会や自然、人にかかわる知的な気付きを深めることが十分でない状況も見られる」という評価がなされた（「教育課程審議会の中間まとめ」1997年11月）。

このなかでもとりわけ重要であるのが「知的な気付き」という文言である。「おおむね意欲的に学習や生活をしようとする態度が育っている状況にある」と評価しながらも、それをさらに上の段階ということで、そのような活動から子どもが「知的な気付き」をもてるような指導について言及されるようになったのである。

1998年版の学習指導要領上での変更点は、従前の内容を以下のようにした。

- 第1学年と第2学年に分けていたものを、2学年共通にまとめた。
- 学習内容を、「学校と生活、家庭と生活、地域と生活、公共物や公共施設の利用、季節の変化と生活、自然や物を使った遊び、動植物の飼育・栽培、自分の成長」の8の内容で構成することとした。

また、教科の目標に関しては、特に、身近な人々とのかかわりを重視した。

- 「社会及び自然」の前に「身近な人々」という文言が加えられた。
- 「身近な人々」とのかかわりを重視するため、「身近な幼児、高齢者、障害のある児童生徒」を入れて、具体的な活動や体験を行うこととした。
- 動植物の取り扱いについても、2学年にわたって取り扱うこととした。

このように、第1回目の改訂においては、学習内容を2学年通じて扱うことや、その内容などさらに具体化したことがわかる。

2 現行（2008年版）学習指導要領について

前回の改訂から10年間を経過して、社会の変化と子どもの生活状況が変貌する状況にあって、さらに「生活科」に関しても、以下のような課題が浮上して、留意点が出された[2]。

- 学習活動が体験だけで終わっていることや、活動や体験を通して得られた気付きを質的に高める指導が十分に行われていないこと
- 表現の出来映えのみを目指す学習活動が行われる傾向があり、表現によって活動や体験を振り返るといった、思考と表現の一体化という低学年の特質を生かした指導が行われていないこと
- 児童の知的好奇心を高め、科学的な見方・考え方の基礎を養うための指導の充実を図る必要があること
- 児童の生活の安全・安心に対する懸念が広まる中、安全教育を充実することや、自然事象に接する機会が乏しくなってきている状況を踏まえ、生命の尊さや自然事象について体験的に学習することを重視すること

> ・小1プロブレムなど、学校生活への適応を図ることが難しい児童の実態があることを受け、幼児教育と小学校教育との具体的な連携を図ること

　現行の学習指導要領では、上記5点の問題点と改善点を配慮して改訂が行われたのである。

（1）目標について

　教科目標については、先述したとおり、生活科の究極の目標は「自立への基礎を養う」ことであり、その手立てとして、「具体的な活動や体験を通して」、対象（人、もの）に関心をもち、考える過程において、生活上必要な技能を身に付けるのである。こちらについては、従前と同様、変更点はない。

（2）各学年の目標及び内容について

① 目標について

　前回の改訂において、「知的な気付き」が重視されたが、今回の改訂においてもそれは踏襲され、より具体的な気付きの内容、方法について言及されることとなったのである。また、これまで各学年の目標及び内容は3点であったものが、今回の改訂により4点となった。順に表にして示す。

1998年版	2008年版
（1）自分と身近な人々及び地域の様々な場所、公共物などとのかかわりに関心をもち、それらに愛着をもつことができるようにするとともに、集団や社会の一員として自分の役割や行動の仕方について考え、適切に行動するようにする。	（1）自分と身近な人々及び地域の様々な場所、公共物などとのかかわりに関心をもち、地域のよさに気付き、愛着をもつことができるようにするとともに、集団や社会の一員として自分の役割や行動の仕方について考え、安全で適切な行動ができるようにする。

ポイント
- 「地域の様々な場所、公共物とのかかわりに関心をもつ」から、「地域のよさに気付く」ことが加えられた。
- 児童の生活の安全・安心に対する懸念が広まるなかで、「安全」が強調されている。生活の安全・安心とは、自然災害、交通災害、人的災害などであり、それらに対して適切な行動ができるようにすることが目標とされている。

1998年版	2008年版
（2）自分と身近な動物や植物などの自然とのかかわりに関心をもち、自然を大切にしたり、自分たちの遊びや生活を工夫したりすることができるようにする。	（2）自分と身近な動物や植物などの自然とのかかわりに関心をもち、自然のすばらしさに気付き、自然を大切にしたり、自分たちの遊びや生活を工夫したりすることができるようにする。

第9章 小学校低学年の「生活科」の指導方法

ポイント
- 動物や植物とのふれあいなどの、具体的な活動やかかわりから具体的にどのような「気付き」であるのかについて述べている。

2008年版（新設）
（3）身近な人々、社会及び自然とのかかわりを深めることを通して、<u>自分のよさや可能性に気付き</u>、意欲と自信をもって生活することができるようにする。

ポイント
- 「自分のよさや可能性に気付き」と自分自身に関する目標が述べられるようになった。子どもが身近な人々、社会、自然と繰り返しかかわり、自分のよさや可能性に気付き、意欲と自信をもって生活を送ることができるようにすることがめざされている。

1998年版	2008年版
（3）身近な人々、社会及び自然に関する活動の楽しさを味わうとともに、それらを通して気付いたことや楽しかったことなどを言葉、絵、動作、劇化などにより表現できるようにする。	（4）身近な人々、社会及び自然に関する活動の楽しさを味わうとともに、それらを通して気付いたことや楽しかったことなどについて、言葉、絵、動作、劇化などの<u>方法により</u>表現し、<u>考えることが</u>できるようにする。

ポイント
- 児童が身近な環境と直接かかわる活動や体験を楽しむことを大切にしており、その実感を言葉、絵、動作、劇化などの方法によって、「表現し、考えること」をめざしている。

② 内容について

内容について、前回では8点あったものが、現行では9点になった。増えた内容は、次の事柄である。

> 自分たちの生活や地域の出来事を身近な人々と伝え合う活動を行い、身近な人々とかかわることの楽しさが分かり、進んで交流することができるようにする。

ポイント
- 身近な人々とは、幼児や高齢者、障害のある児童生徒など多様な人々である。
- 学級内での交流だけではなく、地域の人々と伝え合い、かかわることでの楽しさをわかるということが追加された。

次に、順次、「生活科」で扱う具体的な項目とその内容をあげてみよう。1998年版と変更があった箇所については下線を付した。

＜１＞学校と生活

1998年版	2008年版
（１）学校の施設の様子及び先生など学校生活を支えている人々や友達のことが分かり、楽しく安心して遊びや生活ができるようにするとともに、通学路の様子などに関心をもち、安全な登下校ができるようにする。	（１）学校の施設の様子及び先生など学校生活を支えている人々や友達のことが分かり、楽しく安心して遊びや生活ができるようにするとともに、通学路の様子やその安全を守っている人々などに関心をもち、安全な登下校ができるようにする。

ポイント
- 「安全を守っている人々」が加わり、「通学路の様子」のなかでも、より具体的に学校内外の「その安全を守っている人々」への気付きが強調されている。
- 学校の施設にさまざまな場所で働く人々に気付く。
- 指導として、自然災害、交通災害、人的災害の３つの災害に対する安全確保に配慮することが必要である。

＜２＞家庭と生活

2008年版（変更なし）
（２）家庭生活を支えている家族のことや自分でできることなどについて考え、自分の役割を積極的に果たすともに、規則正しく健康に気を付けて生活することができるようにする。

ポイント
- 「家族のよさに気付く」、「家庭生活への協力」、「規則正しく生活する」ことが変わらず目標とされている。
- 家庭内外における、家族の仕事や役割を知り、自分でできることなどについて考え、自分の役割を進んで行うようになることがめざされている。

＜３＞地域と生活

1998年版	2008年版
（３）自分たちの生活は地域の人々や様々な場所とかかわっていることが分かり、それらに親しみをもち、人々と適切に接することや安全に生活することができるようにする。	（３）自分たちの生活は地域で生活したり働いたりしている人々や様々な場所とかかわっていることが分かり、それらに親しみや愛着をもち、人々と適切に接することや安全に生活することができるようにする。

> ポイント
> - 「生活したり働いたりしている」という言葉と「愛着」という言葉が加わった。
> - その愛着について、ただ地域に出かける活動でなく、子どもが地域や人々に愛着をもてるようにする。
> - 「地域で生活したり働いたりしている人々」の活動への気付きから愛着をもつ。

＜４＞公共物や公共施設の利用

1998年版	2008年版
（４）公共物や公共施設はみんなのものであることやそれを支えている人々がいることなどが分かり、それらを大切にし、安全に気を付けて正しく利用することができるようにする。	（４）公共物や公共施設を<u>利用し</u>、身の回りには<u>みんなで使うものがある</u>ことやそれを支えている人々がいることなどが分かり、それらを大切にし、安全に気を付けて正しく利用することができるようにする。

> ポイント
> - 公共物や公共施設（学校、公園、図書館、駅など）を実際に利用して、「みんなで使うもの」であるという公共性に気付くことが強調された。

＜５＞季節の変化と生活

2008年版（変更なし）
（５）身近な自然を観察したり、季節や地域の行事にかかわる活動を行ったりして、四季の変化や季節によって生活の様子が変わることに気付き、自分たちの生活を工夫したり楽しくしたりできるようにする。

> ポイント
> - 自然体験の少なさが課題とされ、また自然や四季の変化が見えにくくなってきている現状から、より意識的にかかわっていくことが重視されている。

＜６＞自然やものを使った遊び

1998年版	2008年版
（６）身の回りの自然を利用したり、身近にある物を使ったりなどして遊びを工夫し、みんなで遊びを楽しむことができるようにする。	（６）<u>身近な自然</u>を利用したり、身近にある物を使ったりなどして、<u>遊びや遊びに使う物を工夫してつくり</u>、<u>その面白さや自然の不思議さに気付き</u>、みんなで遊びを楽しむことができるようにする。

> ポイント
> - 遊びや遊びに使うものを利用するだけでなく、「工夫してつくる」ことが加わった。
> - そして、工夫する際に、そのおもしろさや自然の不思議さに気付くこと。
> - このように、「気付き」の具体的な視点について述べられている。

＜7＞動植物の飼育・栽培

2008年版（変更なし）
（7）動物を飼ったり植物を育てたりして、それらの育つ場所、変化や成長の様子に関心をもち、また、それらは生命をもっていることや成長していることに気付き、生き物への親しみをもち、大切にすることができるようにする。

ポイント

- 引き続き、動植物の飼育や栽培を通して、成長や生命をもっていることへ気付くこと。
- 長期にわたる飼育・栽培の過程を通して、変化や成長に気付き、親しみをもつこと。
- 飼育と栽培のどちらか一方ではなく、2年間を通して、飼育・栽培を行うことが強調されている。

＜8＞生活や出来事の交流

2008年版（新設）
（8）自分たちの生活や地域の出来事を身近な人々と伝え合う活動を行い、身近な人々とかかわることの楽しさが分かり、進んで交流することができるようにする。

ポイント

- この項目が新設された背景には、人とのかかわりが希薄化していることがあげられ、多様な人々と交流することが重視された。
- 身近な人々とは、学級内だけではなく、幼児や高齢者、障害のある児童生徒などであり、そのような多様な人々と伝え合う活動が重視されている。
- 学習指導要領解説にあるように、言葉だけではないコミュニケーション（表情、しぐさ、態度等）についても触れられている[3]。このように、一方的ではなく、双方向的なコミュニケーションで伝え合うことによって子どもたちが自分を理解されたという楽しい気持ちをもてることが重要であるとされている。

＜9＞自分の成長

1998年版	2008年版
（8）多くの人々の支えにより自分が大きくなったこと、自分でできるようになったこと、役割が増えたことなどが分かり、これまでの生活や成長を支えてくれた人々に感謝の気持ちをもつとともに、これからの成長への願いをもって、意欲的に生活することができるようにする。	（9）自分自身の成長を振り返り、多くの人々の支えにより自分が大きくなったこと、自分でできるようになったこと、役割が増えたことなどが分かり、これまでの生活や成長を支えてくれた人々に感謝の気持ちをもつとともに、これからの成長への願いをもって、意欲的に生活することができるようにする。

> **ポイント**
> ・「自分自身の成長を振り返り」の文言が追加された。
> ・具体的には「自分自身の成長を振り返る学習活動を実際に行うことを意味している」とされ、「大きくなったこと、自分でできるようになったこと、役割が増えたこと」などが、自分自身の成長という「気付き」である。

(3) 指導計画の作成と内容の取り扱いについて

ここでは、現行の「生活科」の指導計画に関して追加された箇所について4点をあげておく。

① 継続的な飼育、栽培を行うようにすること

今回の改訂では「継続的な」という文言が加わった。これについては、「自然事象に接する機会が乏しくなっていることや生命の尊さを実感する体験が少なくなっているという現状を踏まえた」ためである。継続的に飼育、栽培することによって、成長や変化、生命の尊さなどに子どもたちが気付いてほしいという意味である。

② 他教科との関連を図ること

とくに、第1学年入学当初においては、生活科を中心とした合科的な指導を行うなどの工夫をすることが強調されている。

生活科は第1学年の入学時指導において、幼児教育との関連性も重視される教科の1つである。そこで、遊びを中心とした総合的な活動である幼児教育から小学校の学習へとスムーズな接続が求められ、合科的な指導が求められているといえる。

③ 道徳教育との関連

教育基本法の改正を受け、現行学習指導要領の総則において、「学校における道徳教育は、道徳の時間を要として学校の教育活動全体を通じて行うもの」と規定された。それを受けた生活科の指導においても、「道徳教育の目標に基づき、生活科の特質に応じて適切な指導をすること」とされた。

④ 学習方法の工夫

「生活科」の学習方法の工夫点として、具体的な活動や体験を通して気付いたことを基に考えさせるため、見つける、比べる、たとえるなど具体的な学習活動の方法について述べられている。

「生活科」における学習の課題として、学習活動が体験だけで終止してしまい、

その活動で得られた気付きの質を知的な気付きへと高められていないという指摘があり、そこから、このような項目があげられるようになった。気付いたことを基に考えるにあたって、「見つける、比べる、たとえる」と多様な学習活動が方法としてあげられているのである。

　以上のように、現行の学習指導要領の内容をみていくと、目標は従前と変わらないものの、これまで以上に「気付きの質を高める」ことが課題とされ、そのために、安心安全のもと、伝え合う活動、振り返り、生命の尊さ、幼小連携が重要であるとあげられていることがわかる。

生活科の授業実践の一例（左から、田植え、縄ない、川遊び）

3 実践事例から学ぶ

　小学校低学年の「生活科」の授業実践から、児童がどのように自らの生活を見つめ、表現し、生活に向き合っていくのかについて考えるために、事例を紹介する。
　下に第2学年の時間割表（表9－1）の一例を示すので、小学校の授業を思い出してみてほしい。時間割を見ると、「生活科」は週に3時間あり、「国語」や「算数」の次に多いことがわかる。

表9－1　時間割表の一例

	月	火	水	木	金
1	国語	国語	算数	道徳	算数
2	算数	体育	生活	国語	国語
3	図工	算数	体育	生活	特別活動
4	図工	生活	国語	算数	体育
5	音楽	国語	国語	国語	音楽
6				国語	

|1| 「生活科」授業の実践に学ぶ

　ここで取り上げるのは、小学校2学年の生活科「こんな生き物をもってきました」[4]という学習テーマである。時期は、2学期であり、先述したように子どもたちは「継続して」飼育活動を行っている（p.176の＜7＞動植物の飼育・栽培に対応する学習である）。

　この学級では、1学期から子どもたちが教室にザリガニや幼虫などの生き物を持ち込み、世話をしたり、観察したりして、それらに触れる機会を多くもってきた。

　この授業では、子どもは各自もってきた金魚や幼虫などの生き物について、まず何をもってきたかを述べ、友だちたちからの質問に答えるなどをして、発表し合った。合計5人の子どもの発表があり、取り上げるのは、そのうちの1人、Y児の幼虫について、それが何であるかをめぐって子どもたちが考え合い、発表し合っている場面である。

　Y児の発表の場面は、5つに分けることができ、それは以下のようである。

①Y児が、自分がもってきた幼虫を学級で見せて、これについて発表する。
②E児が、質問・意見を述べ、Y児がそれに応答する。
③K児が、質問・意見を述べ、Y児がそれに応答する。
④S児が、質問・意見を述べ、Y児がそれに応答する。
⑤M児が、質問・意見を述べ、Y児がそれに応答する。

|2| 考　察

　次に、授業記録からY児のもってきた対象が何であるかの判断をする場面を5場面に分け、考察していく。Y児の発言において、「この幼虫が何であるか」を考え合い、判断しようとしている発言に下線を付した。

事例1－①　場面　チョウの可能性

教師：ほかにもってきてくれたものを発表してください。
A児：したーい。
教師：はい、Yさん。はい、今度は何が出てくるかな？
B児：はいっ。ようちゅう。
C児：チョウじゃないよ、ガだよ。
D児：チョウだよ。
Y児：チョウのかのうせいもあるよ。
C児：ちがうよ。ガのようちゅうだよ。

①では、Y児が授業者から発表するように指名を受けた直後に、自分が持参した幼虫について、ほかの子どもからの「チョウじゃないよ、ガだよ」という声に対して、「チョウの可能性もあるよ」と発言したものである。この時点で、「チョウかガか」の意見が分かれ、Y児はここでは、この幼虫がチョウであることを断定していないが、可能性があると述べている。ここには、子どもたちの「気付き」という学びの姿がみられる。

> 事例1－②　場面　外観上の特徴について
> Y児：わたし、きのう本やさんでね、こんなのをしらべてきたんだけどね、チョウチョの、こんな黒くて、こんなもようで、アンテナみたいなやつ、ついてるチョウのようちゅうもあるんだってさ。
> M児：あっ、ぼくの本にもあるよ。
> 教師：ガの幼虫とチョウの幼虫は、
> Y児：似てるよ。
> 教師：そっくりなの？
> Y児：そっくりっていうか、ちょっと似てるの。
> 教師：似てるの。

②では、E児に幼虫を捕まえた場所について聞かれたことを答え、その後で、質問されなかった内容である、チョウの幼虫がもつ外観上の特徴について発言している。そこでは、本で調べた事項から、「こんなに黒くて、アンテナみたいなやつがついている」幼虫がチョウの幼虫であると述べている。しかし、授業者に問われた「そっくり」ではなく、「ちょっと似ている」とし、「同じ」とは判断していないことがわかる。ここには、「調べる」ことや「比べる」という学びの姿がみられる。

> 事例1－③　場面　チョウかガかわからない
> K児：このようちゅうのえさは何ですか。
> Y児：えさはねー、ガかチョウかどっちかわからないから、なにかわからない。

③では、Y児はK児に幼虫のえさは何か尋ねられた。「ガかチョウかどっちかわからないので、えさが何かわからない」と述べている。ここでY児が「えさが何かわからない」のは、ガとチョウのえさは異なるものであるととらえていると考えられる。そのため、幼虫がガであるかチョウであるか確定できないので、えさが何かわからないとしている。

第9章　小学校低学年の「生活科」の指導方法

> **事例1-④　場面　糸を吐く・吐かない**
> S児：チョウチョとガ、なんかさー、お父さんがね、なんかぼくが、ガのようちゅう見たことあるんだったら、ガのようちゅうがあまりみつを出したり、出したところ見たことないんで、ガのようちゅうじゃないと思う。
> 教師：Sくん、今、おもしろいこと言っていたよ。
> Y児：その話、うちのお父さんも言っていたよ。<u>ガは、あんまり糸はかないって。</u>
> 教師：糸ついてるもんね。
> Y児：<u>ガでもチョウみたいに糸はついてるけど。</u>

　④では、S児がガの幼虫は「あまり蜜を出したりしない」ことをあげる。そして、S児が「この幼虫」が蜜を出していると見なしたということから、この幼虫はガではないという判断を出している。ここで、S児が蜜と言っているのは、幼虫が吐く糸のことである。そして、Y児はS児の発言に対して、父に聞いた話を取り上げ、ガの幼虫があまり糸を吐かないということに同意している。Y児の言っている「糸」をS児は「蜜」と発言したが、両者は同じものを示している。
　しかし、「ガはあまり糸を吐かない」、「ガでもチョウみたいに糸はついているけど」のように、「あまり」、「けど」で、判断がこれまでチョウ寄りであったものが、判断できずにいる。しかし、「けど」の箇所で、Y児はこの幼虫をチョウと思いたい、という考えが背後にあると思われる。それは、この幼虫はガかもしれないが(=「けど」)、チョウであってほしいという言葉が省略されていると考えられるからである。
　ここでは、飼育活動を継続して行う過程を経て、幼虫の変化や成長に気付き、そのことを自分の言葉で表現している。

> **事例1-⑤　場面　チョウでもガでもどっちでもいい**
> M児：Yちゃんにきくけど、もし、ガだったらどうしますか。
> Y児：<u>ガでも、そだてて大きくなったのなら。べつにガでも、チョウでもどっちでもいい。</u>

　⑤において、M児から「もしガだったらどうしますか」と聞かれ、Y児は、「育てて大きくなったのなら。別にガでもチョウでもどっちでもいい」と答えている。これまで事例1-①から④において、この幼虫がチョウであるかガであるかが問題になってきた。それが⑤では、最終的に「この幼虫がチョウかガか」という枠を超越した「どっちでもいい」という判断が出された。ここで、この幼虫の中身

181

が何であるかということを問題にしない、そのような枠組みを越えた判断が出されたと考えられる。この「どっちでもいい」という発言は、自分たちが飼育活動してきたからこそ、動物に対する成長や生命の尊さを実感して出てきたものである。

3 まとめ

　授業記録からY児が自分のもってきた幼虫が何であるのかの判断する場面の考察をしてきた。
　Y児にとって、「幼虫」を語るとき、眼前のものである「この幼虫」と、一般的な「幼虫」と分けて発言していることもあり、「この」のもつ意味の大きさにも着目したい。
　①～④では、「この幼虫」がチョウであるという判断の指向性から、チョウの幼虫の外観上の特徴と眼前の幼虫（＝「この幼虫」）を結びつけたりしてきたが、②のように、チョウの幼虫とガのそれが類似性はあるものの同じではないとするようになり、判断に揺れが生じ始め、③でどちらかわからなくなってしまう。
　次に④で幼虫が糸を吐く・吐かないといった性質が問題になる。しかし、ここでは、チョウの幼虫は糸を吐く、ガのそれは吐かないと判断せず、「ガの幼虫にも糸がついている」とした。
　そして、⑤において、「チョウかガか」という判断の枠を越えた、「育てて大きくなったのなら、どっちでもいい」という結論に至っている。
　このように、生活科の実践を考えていくにあたって、Y児が「（自分が）育てて大きくなったのなら」と言っているように、やはり子どもたちにとっての対象は、「とても大切なもの」であることを認識したい。
　現行学習指導要領においても、「動植物を大切にする」「愛着をもって育てる」があげられているが、それは本実践のように、その子どもにとって、そして、仲間にとっての「対象」の意味を授業者が大切にし、子どもたちの認識を育てたい。

★事例から考える学習のポイント
- Y児は、この幼虫がガかチョウかについて判断をしていますが、どのように思考は進んでいったでしょうか。
- あなたは、Y児にとって「この幼虫」はどのようなものだと考えますか。
- 現行学習指導要領（生活）において、本実践との関連について考えてみましょう。

第9章　小学校低学年の「生活科」の指導方法

【引用文献】
1）中央教育審議会答申「21世紀を展望した我が国の教育の在り方について」（1996年7月）
2）文部科学省『学習指導要領解説 生活編』日本文教出版　2008年　p.3
3）文部科学省『学習指導要領解説 生活編』日本文教出版　2008年　p. 37
4）公立学校 越山智子教諭　1998年度実践

【参考文献】
安彦忠彦監修・野田敦敬編『小学校学習指導要領の解説と展開　生活編』教育出版　2008年
高浦勝義・佐々木利夫『生活科の理論』黎明書房　2009年
文部省『小学校学習指導要領解説　生活編』日本文教出版　1999年
文部科学省『小学校学習指導要領解説　生活編』日本文教出版　2008年
的場正美・柴田好章・石原正敬・林憲子・北島信子・山川法子「授業研究における子どもの発言の再構成（中間項）の位置と意味」『名古屋大学大学院教育発達科学研究科紀要（教育科学）』2001年度第48巻第2号　pp.141-170

実践を創造する
幼児教育の方法

2013年3月30日　初版第1刷発行
2022年3月1日　初版第6刷発行

編　　集　豊田和子
発行者　　竹鼻均之
発行所　　株式会社 みらい
　　　　　〒500-8137　岐阜市東興町40　第5澤田ビル
　　　　　TEL 058－247－1227（代）
　　　　　http://www.mirai-inc.jp/
印刷・製本　サンメッセ株式会社
ISBN978-4-86015-275-8　C3037
Printed in Japan　　乱丁本・落丁本はお取替え致します。